"十二五"国家重点图书

出版规划项目

杜维明著作系列

迈进"自由之门"的儒家

伯克利十年（1971—1981）

杜维明 著

图书在版编目(CIP)数据

迈进"自由之门"的儒家:伯克利十年(1971—1981)/杜维明著.—北京:北京大学出版社,2013.5
(杜维明著作系列)
ISBN 978-7-301-21981-2

Ⅰ.①迈… Ⅱ.①杜… Ⅲ.①新儒学-研究-中国-现代 Ⅳ.①B260.5

中国版本图书馆 CIP 数据核字(2013)第 012242 号

书　　名:	迈进"自由之门"的儒家:伯克利十年(1971—1981)
著作责任者:	杜维明　著
责 任 编 辑:	吴　敏
标 准 书 号:	ISBN 978-7-301-21981-2/B·1100
出 版 发 行:	北京大学出版社
地　　　址:	北京市海淀区成府路 205 号　100871
网　　　址:	http://www.pup.cn　新浪官方微博:@北京大学出版社
电 子 信 箱:	pkuwsz@yahoo.com.cn
电　　　话:	邮购部 62752015　发行部 62750672　出版部 62754962
	编辑部 62752025
印 刷 者:	北京汇林印务有限公司
经 销 者:	新华书店
	880mm×1230mm　A5　5.625 印张　插页 2　101 千字
	2013 年 5 月第 1 版　2013 年 5 月第 1 次印刷
定　　　价:	28.00 元

未经许可,不得以任何方式复制或抄袭本书之部分或全部内容。
版权所有,侵权必究
举报电话:010-62752024　电子信箱:fd@pup.pku.edu.cn

70年代的杜维明在台湾淡水,背景是观音山

1971年,在艾思本人文中心(Aspen Institute for Humanistic Studies)主持亚洲思想研讨会

1972年,与黑人民权运动领袖和纽约犹太神学院院长对话后合影

献给挚友魏斐德(1937—2006,
Frederic Evans Wakeman Jr.)

——作家、学者、行政领导、公共知识分子

目 录

再版序 …………………………………………………（1）
序 ………………………………………………………（1）

上篇　学思感言

体验边缘的问题 ………………………………………（3）
儒家心性之学
　　——论中国哲学和宗教的途径问题 ……………（18）
印度行感言 ……………………………………………（32）
一个真实的人
　　——为纪念王阳明诞辰五百周年 ………………（37）
唐君毅的悲愿 …………………………………………（44）
根源性的抉择 …………………………………………（49）
与日哲西谷启治一夕谈 ………………………………（52）

迈进"自由之门"的儒家：伯克利十年（1971—1981）

追扑富强的影子 …………………………………… （56）
了解自己的发掘工作 ……………………………… （60）

反省的证道者
　　——为纪念马塞尔而作 ……………………… （65）
三万英尺高空的梦想 ……………………………… （70）
玄谷与偶思 ………………………………………… （75）
有关"传统包袱"的感言 …………………………… （77）
神秘主义在美国 …………………………………… （81）
胸中的风暴
　　——自萨特访问记而想起的 ………………… （88）

下篇　旅美短评

美国大学教育的认同危机 ………………………… （95）
美国的分离与整合 ………………………………… （104）
科技的限度 ………………………………………… （113）
美国的知识分子 …………………………………… （118）
东方思想在美国 …………………………………… （123）
神秘主义和道德性 ………………………………… （127）
美国大学言论自由遇考验 ………………………… （134）

美科学界"基本研究"受考验 …………………………（138）
生态学的四大原则 …………………………………（141）
美国的"汽车文明"开始没落 ………………………（148）
工农二分法此路不通 ………………………………（152）
结语:体察与时论 ……………………………………（156）

再版序

  1964年伯克利校园的"言论自由运动"(Free Speech Movement, FSM)是美国大学生政治自觉、非裔民权运动、全国反越战斗争最具象征意义和历史价值的事件之一。加州大学伯克利分校(UC Berkeley)和常春藤联盟(Ivy League)八大名校的差异至少有三点。它是二战以后美国高等教育民主化的代表,加州阳光带经济力量兴起的标志,和"青年文化"的突出表现。如果哈佛还洗刷不掉牛津和剑桥传统的英国烙印,芝加哥还无法超脱德国大学的科研氛围,加大则是地地道道的美国风味。不少加大本科生是来自从未接受过任何大专教育的穷苦家庭,很多是社区学院的转学生,付不起基本学费。特别值得注意的是研究生,包括一批靠政府资助的退伍军人。他们大半都是佛家说谓"自力"而非"他力"修行的成年人,阅历深,独立自主的意愿强。我从几乎每一个学生都出自书香名门或富商大贾的普林斯顿来到皆是普罗大众的伯克利

迈进"自由之门"的儒家:伯克利十年(1971—1981)

确有大解放大自在的愉悦。

北加州的海湾区天气宜人,环境优美,生活闲适,人与人之间的交往轻松愉快。和东海岸,特别是新英格兰的凝重和紧张形成鲜明的对比。有人说美国大陆向西倾斜,无根之人都滑倒在加州,伯克利的纽约客人数不少,好像都是异化感极强的东部人。面向太平洋的加州以高科技、好莱坞、葡萄酒、军工企业傲视美利坚共和国。放弃哈佛正教授职位移任伯克利社会学讲座教授职位的罗伯特·贝拉(Robert Bellah)曾因对里根和尼克松政权的不满分析了东西两岸既得利益者的差别:东岸的贵族代表老传统责任伦理还起作用,加州的权贵受暴发户心理的作祟,唯利是图、为钱是问,充分显现贪婪的凡俗的个人主义。或者正因为西岸没有传统,不受习俗和宗教的约束,创业拼搏的气焰特盛,常常出花招,开辟了崭新的天地。学术界亦复如此。在伯克利从事教研就不能没有创意。按部就班的为学态度好象和伯克利的学风很不相称。

在学术界20世纪60年代是西化思潮转向现代化理论的关键时期,美国的社会科学大放异彩,现代性的标准不再是广义的西方而是美国现实的复制。伯克利大学生批判的对象即是美国"军工学复合体"所暴露的无知、傲慢和残酷。(本来艾森豪威尔政府提出的是"military-industrial-academic complex",因为大学教授的激烈反对才改为"军工复合体")。国内的种族歧视和国外的穷兵黩武显示了政治文化中信奉新教的欧裔美国人（White Anglo Saxon Protestant）的白人优越感、大男人主义、狭隘的民族主义和排外欺外的情绪已刺伤了开国元勋及至林肯总统极力提倡的"自由平等"的美国灵魂。伯克利大学生所掀起的言论自由运动虽然源于校园，但它指向的目标是华盛顿，触及的面相是整个社会，它所体现的不仅是政治抗议也是文化自觉。在伯克利校园，我感受到一种清新、温润而情意绵绵的关怀荡漾在摇旗呐喊的声浪中。这也许就是抗议精神的热火和"嘻皮"（Hippi）的柔媚并存乃至融合的理由。不过，美丽的"鲜花男女"（Flower Children）在旧金山市的风景线上只存活了几个月便被毒品、色情、暴力种种黄黑恶势所污染了。毕竟，由美国精英的精英（"bright and the brightest"）为了"反共"而卷入的越南战争是不自由的、不道德的、可耻的、彻底罪恶的国家行为。在腐化的后期资本社会中，文化的矛盾已升级到从口头争吵到肢体冲突的阶段。伯克利的言论自由运动可以说是1968年的全国学潮，芝加哥民主党提名大会的街头动乱，乃至美国政治的"保守"转向的先兆。

我的伯克利经验使得我格外珍惜在普林斯顿任教4年的美好记忆。我和普大的师生相处极为融洽。牟复礼（F. W. Mote）和刘子健是我的忘年交。方闻、高友工、陈大端和梅祖麟是我的学长，Marius Jensen, Marion Levy, Walter Kaufman 和 Stuart Hampshire

迈进"自由之门"的儒家：伯克利十年（1971—1981）

是跨学科的谈友。特别难忘的是和李欧梵、梅广及劳思光在不同时段相处对话的愉悦。学校为我提供的宿舍是在丛林中面对卡内基湖的两层套房。一层是厨房、饭厅和配有落地窗及阳台的大客厅，楼上有三间宽敞的卧房。在那里，我曾招待过很多亲友访客，包括京都学派的祭酒西谷启治和禅宗大师佐佐木承周。还记得平常我从宿舍顺着野花遍地的小径信步到办公室只需十来分钟，可是和西谷及佐佐木漫行数次后总要滞留多达半个小时之久。经过他们的点拨，除非有急事，我从家里漫步上班的时间拖长了不少，而且每次都会发现一些从未照面过的奇花异草昆虫动物。值得一提的是佐佐木禅师在普大收了几个徒弟，都是我中国哲学"习明纳"（seminar）的同学。其中一位Hal Roth后来成为他可以承接衣钵的高徒。但不必讳言，当时我无法想象自己终其身在普大和本科生细读文本精研章句做个名符其实的汉学家。我的求知欲太过强烈无法适应普林斯顿闲闲而来的雅趣，因此每周都会到纽约的社会研究新学院（New School for Social Research）听课（比如Benjamin Nelson的韦伯研讨会）或参加哥伦比亚大学由狄百瑞（William T. de Bary）主持的宋明儒学讲座。我决定到伯克利历史系任教也是为了接受更大更多的思想挑战。

在伯克利期间（1971—1980），获得了美国学术联合委员会（American Council of Learned Societies, ACLS）的长期资助，我主持

了一系列"儒学习明纳"(Confucian Seminar)。这个区域性的学术月会周五举行,报告 45 分钟,评讲 15 分钟,讨论至少一个小时。酒会用餐后,部分教授及研究生即步行 10 分钟到 1729 Spruce Street 的杜宅进行思想沙龙。次日周六早晨 9 时开始在教授俱乐部"会读"报告者预先提供的经典文本直到午后一点方散席。经常与会的同道包括倪德卫(David Nivison),Lee Yearly,墨子刻(Thomas Metzger),余佐翰(John Ewell)和 David Keightley。还记得有一次席文(Nathan Sivin)从宾夕法尼亚州前来作报告,"会读"期间,因文本解读的分歧,和墨子刻发生口角,后来两人又通过群发电邮争论不休,从学术交锋变质为人身攻击,我决定制止。1977年,ACLS 邀请我组织为纪念戴震逝世 200 周年而举行的国际会议。陈荣捷、徐复观、冈田武彦、余英时、倪德卫、狄百瑞都提交了论文。在加州大学历史系任教期间,我担任了全校通选的中国哲学课,主持了调研哲学学科在伯克利如何发展的委员会,投入大量时间和精力认识分析哲学在英美学界的地位、角色乃至功过。我和桑特巴巴拉校区的 Fingarette 和 Raimon Panikkar 协商后,一度想转入该校的宗教系集中培养突出精神性的儒家学者。伯克利的文艺复兴教授 William Bousma 和师友之间的宗教社会学大家罗伯特·贝拉约我共同为伯克利本科生建立一个宗教专业。这不仅对加州大学系统的博雅教育有象征意义,对美国坚持政教分离的教

迈进"自由之门"的儒家:伯克利十年(1971—1981)

育政策也有参考的价值。我认为能够促使儒家身心性命之学进入美国大学教育的助缘,宗教学的影响远远超出哲学。更值得注意的是,只从朴质的唯物论和平实的理性主义来宣扬儒家的先进性是不够的。我相信马克思或杜威对诠释儒家哲学都能提供很好的参照。但亚里士多德的伦理、保罗的爱、马丁·路德的信、佛的慈悲,乃至马丁·布伯的对话却是更相应的精神资源。

在伯克利我开设了集中细读朱熹、王阳明和刘宗周《人谱》的研讨课。《青年王阳明》完稿后,我决定进一步探讨阳明的"致良知"和"大学问"。我特别想了解阳明的事功和讲学的关系。但把阳明的哲学文本细细体味后,我觉察到如果不能掌握朱熹的问题意识,即无法精切地理解阳明的晚年定论。于是我设置了广泛阅读朱熹原始文献和诠释论著的日课。详读《朱子文集》和《朱子语类》后,我即开始撰写全面介绍朱子思想的书稿。1981年移教哈佛,我写定的两章在旧电脑中无法取出。虽然花费了上千美元所获只是乱码。当时很沮丧,但经过深层反思后感到长篇大论写朱熹的时机还没有成熟,如果勉强而为之,不仅不能成说,对自己的学术事业并无深远的价值,反而会增长傲心。不过,我现在已经没有精力从事这种"攻坚"的学术工程了。其实,我放弃写大部头的专著不是因为力不从心,也未必是开会太多,演讲的频率太高,根本的理由是我主动自觉地选择了一条自己以为符合儒家身心性命之学的"做哲学"（doing philosophy）的道路。

在伯克利执教和研习的十年，和《儒教中国及其现代命运》作者列文森的学生魏斐德（Fred Wakeman, Jr.）和同事向纳（Irv Scheiner）的会话经验给自己留下了最深刻的印象，确是终身难忘。我们三人几乎每周都有饭局，多半是工作午餐。其实因为三间办公室比邻，又共同培养好几位研究生，一周三五次见面是常事，但真正难忘的还是定期的未尝或缺的月会。惯例是五点下班准时在教授俱乐部酒吧见面，(有成员每迟到五分钟便罚酒一杯)，烈酒数巡后方到附近一家预定好的餐馆进食，至少又会共享一两瓶红葡萄。十时许移席到家（轮流）夜饮直到子夜一两点方散。大家都是而立之年，能吃能喝，总是谈得兴高采烈。但必须说明，我们聚谈的内容不外学术动向、教研心得和东亚研究在美国的发展前景，从来不涉及私事，更不会闲言闲语。记得一次聚会正是基辛格访华的消息公布不久，主题便集中如何利用中美学术交流的契机发展伯克利和大陆学者合作研究的计划。

魏斐德是美国学术界的奇才。他当选过美国历史学会会长，曾出任美国社会科学委员会（Social Sciences Research Council）的总裁。后来担任国务卿的赖斯曾是他麾下的特别助理。中美建交后他是美国科学院的第一位驻华代表。很多双边互惠的交流、访问和研究计划都是由他起草、定案、付诸实施的。1984年我和他

迈进"自由之门"的儒家:伯克利十年(1971—1981)

一起参加了由汤一介发起、景海峰承办,在深圳大学举行的高等院校中国文化研究的协调会。他和我们一样投入,不知不觉地即成为自家人了。他对中国社会科学(包括文史哲)的现况知之甚稔,对其发展前景有深切关怀,并且积极献身其中,忍受各种艰难而从不退却。他有领导才,有使命感,有远见。秉承学术为天下公器的志趣而广结善缘,气派大而用心细腻,办事效率极高。他对伯克利的东亚研究,美国的中国研究,和"文化中国"广义的社会科学研究都作出了贡献。他自己在中国研究领域里有突出的贡献。从他的科研成果可以得知他是以赛亚·伯林学者二分中典型的"狐狸"。他出生于美国中部,在古巴及巴黎等地成长,父亲是小说家,海明威是父执,在巴黎上中学,哈佛毕业后进伯克利从游列文森之前(1957—1963)获得了法国高研院和英国剑桥专攻欧洲史的硕士,而且有一段据他说类似007的阅历。

魏斐德是一位地道的文士(literatus),随时随地都准备笔疾书,动则万言,不管是专论、散文、公牍、报告、评审或是同事同学的介绍信,他都胜任愉快。他的出版物中有解析满洲建国大业的巨作,以王阳明的心学为背景的讨论理智与意志关系的哲学反思,三大册细说上海(1927—1937,1937—1942,1942—1952)的历史重构,和最翔实的戴笠传记。他有说故事的天分。他获得稿酬最多的是本科生时代在哈佛写的用匿名发表的两本鲜为同事和同学所知的侦探小说。但他绝不是一个文弱书生。正好相反,他身体健壮,孔武有力,精通猴拳之类的武术,而且是可以参赛的帆船高手。我在哈佛、普林斯顿和伯克利接触到不少很有才华的人物,但Fred这位挚友的"光芒"(brilliance)确是独一无二。他热情洋溢,能爱能恨,敢于承担,可以义无反顾地全身投入。他有浪漫的情种,豁出去不计后果的豪情。他晚年不幸手术失误下肢瘫痪又备受病情的折磨,如果不是妻子梁禾的悉心调护,真是不堪设想。但直到临终,他热爱生命和拥抱友情的达观没有丝毫减杀。

在伯克利任教期间,我有缘和欧美思想家,像Raimon Panikkar, Herbert Fingarette, Burt Dreyfus, Paul Ricour, Benjamin Nelson和倪德卫论学。同时,我每个暑假都到艾思本人文中心和资深外交家Phil Talbot主持"亚洲思想研讨会"。参加的学员多半是有钱、有权、有影响力的公共知识分子,如电视评论员Bill Moyer,文学家Sol Barrow,生物学家Gell-Mann,音乐家Robert Mann,《纽约时报》的执行主编Seymour Topping,可口可乐的资深副总裁Cliff Shillinglow,外交家Winston Lord,议员J. Jarvis及其夫人Marion Jarvis。和他们早上一起"会读"四书,讨论孟子的性善说,辩解《道德经》的逻辑思维,破译禅宗的公案,下午一起游山玩水,欣赏古典音乐,或乘皮筏冲刺科罗拉多河湍流。在艾思本的经验(和数十位政治、媒体、企业、文艺和学术界的领导进行长期平等

迈进"自由之门"的儒家：伯克利十年(1971—1981)

互惠的交往)扩大了我对美国公共领域的理解,深化了我对儒家现实性和公共性的体认,也加深了我展现儒家人文精神的信心。另外,值得一提的是90年代我在艾思本人文中心主持"全球社群中的华人"("The Chinese in the Global Community")七八次,我乘机邀请了好几位"文化中国"的公共知识分子(包括赵复三、李慎之、王赓武、金耀基、资中筠、刘海平、倪世雄和李明俊),为他们提供机会认识美国精英如何培养一种既有群体性又有批判性的"自我意识。"

这本书所收的15篇散文和9篇评论,原来由台湾时报文化出版事业有限公司刊行时的题目是《人文心灵的振荡》。表面上,都是即兴之作,急就章,但时隔几达40年我自己细读每一篇后对当时撰写的心情还历历在目。其实我当时为这些观点、人物、事件和情境所触动,因为对我而言这些都是真实的存在;真观点、真人物、真事件、真情境,没有一点虚假。"体验"所以不同于一般的经验因为那是"体之于身"的实感,一旦进入生命之中则永不退色,并且不只是平面的图象而是立体的,与日俱新的,富有转化功能的动态活动。以儒家心性之学为基础来"做哲学"便不能把哲学当作职业,当作维持生计的工具,也不能把哲学对象化视为与自己生活世界了无关涉的研究课题。当哲学成为生命的组成部分之后,你便不愿意也不可能自外于哲学的家园。即使到印度等地旅行也无法离开儒家哲学的家园了。所视、所听、所闻、所尝、所触、所感、所应、所动皆是哲学之道。王阳明认为"良知"无所不在,连草木瓦石皆有良知,而每个人,无论男女老少,随时随地都可体现良知。这不是理想主义,而是实实在在扎根在自然主义、现实主义的人学,一种每个人都能自知自证的生命哲学。这种对人的了解虽然不是生物学、生理学或心理学分析的结果,但我近来一再发现这种心灵哲学和演化论、认知科学及脑神经的新趋向颇有吻合之处。特别值得强调的是,寻求人生的意义是一种"根源性的抉择",一种牟宗三所谓"逆觉体证"的精神磨练。我很幸运从事哲学工作的"问题意识"在出道不久即已形成了。但我已逾古稀之年而真正的哲学反思好像才刚刚开始。孟子所谓"然而无有乎耳,则亦无有乎耳"可以引为浩叹!

2013年2月9日(除夕)
耕心敦(Kensington)灵修院800号

序

　　文字不但是思想的表征,而且是心灵的脉动。读书、写作对我来说都是大难题、大公案。有些朋友可以一目十行地读,一挥而就地写;不必费神就可以把书中的大意掌握住,不必润色就可以把主题恰如其分地表达出来,并引起读者们很大的共鸣。我的情形正好相反:反复诵读几遍的书仍是疑问重重,更改数次的稿件仍觉词不达意。

　　也许词和意之间确有一条永远无法填补的裂痕,尤其是想表达"言语道断,心行路绝"的意。确实,我虽然一提笔就好像有泉涌河决般的文思,但把一个个方块字串连起来之后,外出散个步,再回来逐句细读时,立刻就会发现,在文字中所显示的贫瘠和当时心湖里的波澜,几乎完全没有因果的关连。

　　六十度月圆,多少阴晴圆缺,多少悲欢离合,多少国际风云的大变幻,然而收在这本集子里的体察竟是如此零星,时论又是如此

迈进"自由之门"的儒家:伯克利十年(1971—1981)

散乱。五年的积稿当然不只这些,但这短短的二十多篇文字,已是目前可以约略向国内的读者表示敬意的全部心血了。在词不能达意的裂痕中写作颇觉辛苦。我因为对岛内知识界的情形不够熟稔,想写的常不知如何下笔,连显而易见的道理也好像要转弯抹角才勾画得出来,有时转了好几个弯把自己也弄糊涂了。去年在东京的神田闲逛,随手翻阅了几位当代日本哲人的体察和时论,对他们在东西思想中自由飞翔的幅度感到特别"震荡",更觉得变成一个畏首畏尾不能畅所欲言的作家,还不如永远默默无语要好些。这使我想起禅宗里"如人饮水,冷暖自知"的教言。也许一个没有真正喝过水的人才会动辄万言地高谈冷暖。我自己也是一个没有尝过山泉的沙漠行商,怎么能体味幽谷里的奇花异草呢?加上我又是个不擅长运用比喻和暗示等文学技巧的人,因此只有战战兢兢地用一些平淡无奇的学思感言和旅美短评,怀着诚敬的心情向大家致意。

杜维明

1975年2月8日于伯克利

上 篇
学思感言

体验边缘的问题

一

今年立夏以来,因为各种不同的机缘,东西南北地游览了许多名胜古迹——庄穆的大峡谷(Grand Canyon),秀丽的艾思本(Aspen),怡人的旧金山(San Francisco),优美的舸木湖(Lake Como),古雅的佛罗伦萨(Florence),雄伟的罗马(Rome),以及英国诗人拜伦最喜爱的沁挞(Sintra)。短短三个半月之间,不但两度横跨美洲大陆,而且还飞越重洋在意大利和葡萄牙旅居了一番。当然,凌虚御风的"此起彼落",永远不会像行万里路的古人那样能够深入大自然的怀抱中,慢慢地品味山林里的清新之气。可是时空的骤变,把高处的浮云和幽谷的深潭,把都会的浮嚣和乡村的纯朴,把繁杂的学术论辩和简单的交易手势,甚至把国界和种界都在瞬息之间羼杂在一起。这种20世纪的"广度经历",也是宋明大儒乃至清末民初的学人所无法幻想的人生体验。

置身在1970年的美国,要想谈论已被大多数青年同胞们所遗忘、所唾弃的"心性之学",免不了会引发许多内心的焦虑和外来的挑战;加上西学大盛之际,套用时新名词早已蔚为一时风尚,如果不用西方专有的术语来作一番"格义"的工夫,不但不容易变成一门为新学究(专攻一种学科训练[discipline]而获得博士学位的人才)所认可的学问,恐怕连自己做现代人的资格都会遭到怀疑。往年教书研究的时候常接触到这一类型的问题,虽然受困扰的机会很多,因为百思不得其解而至彻夜失眠的频率却不大。但近来旅行的波动,竟使得这个问题像一把千斤重的利剑直射心口,不管如何震荡,总不能把它甩脱分毫。

究竟我所面临的问题是什么?这个问题曾跟随着我度过建国中学、东海大学、服兵役、哈佛大学几个生命的旅站,或是谈论通宵的话题,或是中夜冥思的对象,或是习作研读的课目,它从来没离开过我的"终极关怀",但也从来没有给我带来不可忍受的痛苦。相反地,它是我的"定盘针",我的"掌舵人"。它帮助我超越一个普遍在台湾受小学、初中、高中和大学的"考试教育"所必不可免的存在限制;它也像一盏明灯,让我欣赏了许多如果顺着自己的脾性绝不会看见的奇花异草。我常暗自庆幸——自己总算找到了一枝芦苇,不必像大多数有时代感受的中国知识青年,因为遭遇到"认同破裂"的袭击,竟终其生像一些无根的浮萍,随着西向的波流而一去不返了。

自从1967年秋季开始在普林斯顿大学教书以来,我的安全感逐渐地被一种无可名状的恐惧所取代。记得1966年一个凄风苦雨的早晨,我曾在克尔凯郭尔(Kierkegaard)的安息地(丹麦首府的城市公墓)徘徊很久。他是我最感到亲切的西方哲人之一。因为我早就读过他的《恐惧和战栗》(*Fear and Trembling*),当时以为自己深深地了解他而且还能分享他的存在感受。现在回想起来,那时的感觉只不过是一种浪漫的兴会而已。如果我那时真知道什么是"存在的感受",也许不但不会去追扑它,恐怕连奔逃还来不及呢?!正如艾里克森(Erik Erikson)所说,"认同"是无法获得(achieved)的,凡是用"目的观念"(teleological concepts),或说"手段—目的"的方式,去描述"认同危机"(identity crisis)之类"心理实体"(psychological reality)的,都犯了方法学上的错误。因为认同问题的来临是不由自主的。

如果只有身历其境的人才会有真实的体验,而且真实的体验是一种不能受理智分割,无法用语文诠释的整合体,那么凡是诉诸语言文字的思想,都必然地与真实的体验不符了。我们又如何通过现代的(不一定是西方的)语言文字把儒家的体验精神,也就是心性之学，一丝不苟地展示出来呢？这确是当代有志之士要想重建中国哲学就必须面临的中心课题。我的问题虽与此有唇齿相依的关系，但却属于另外一个层面！

二

固然，把心性之学通过严格的推理形式用当代的哲学方法和西方的学院术语表达出来，使得对中国文化毫无所悉而在欧美学术界极有地位的国际学人乐于接受，未尝不是一种宣扬儒学的权宜之计。但是，如果毫不自觉地以为儒学的中心问题如性、心、圣、修身、仁、礼、义、孝、经世之类，只要通过现代哲学的洗礼就可以粉墨登场，变成一种放诸四海皆为准的国际概念，那就太无自知之明了。这种没有血汗的"格义"工作，也许可以收到文化交流的浮面效果，但最多不过是起码的铺路措施罢了。我不反对学术工作的趣味性与游戏性，但真正庄严的哲学探究（philosophical inquiry）是一种终身事业，一种"道不可须臾离"的宗教奉献，而绝不是一种轻松愉快的玩票或客串。

可惜五四时代所遗留下来的"西化"阴影，表面上虽早已被哲学界的工作者所拔除，事实上仍不断妨碍着现代中国哲学的健康发展。譬如中国文化中许多"内在资源"（inner resources），都因为在西方传统中找不到适当的范畴来格义一番而被遮盖甚至被埋葬了。每一个哲学传统都有其自身的问题性(Problematik)、方向性和动力性,如果我们忽视了儒家自身的问题性、方向性和动力性,而用一套事实上已受文化约束的"方法学"去肢解它,分裂它,即使可以满足一些理智的兴趣,归根究底还是无法使儒家的心性之学重新浮现于今世。

更可悲的是,我们费了九牛二虎之力来"证明"或"显示"中国确有类似西方的哲学思想,儒家确有欧美学人所称的哲学意义,而在论辩的过程中竟丧失了研究任何思想性问题都必具的基本条件——一种自我批判的意愿和精神。举一个具体的例子:究竟我们为什么要来证明或显示中国确有类似西方的哲学思想,儒家确有欧美学人所称的哲学意义?是为了个人职业的方便,为了整个民族的自尊,为了在国际学术界争取一席之地,还是为了真理?企业家、艺术家、数学家似乎都可以不必反省从事企业、艺术等活动的真实动机,甚至也不必追问企业、艺术等活动对自身的终极关切究竟有什么特殊的意义。哲学家能够不反省自己从事哲学研究的真实动机吗?能够不追问自己的哲学活动对自身的终极关切究竟有什么特殊的意义吗?

研究中国哲学的人本来不多,在这少数人中要想找到能够自我批判的就更是凤毛麟角了。但是,我们如果不能真切地反省自己哲学活动背后的动机,那么我们和一位在演算数学时头脑清晰而在品题人物时一团糊涂的自然科学家到底有什么不同?事实上,我曾接触过不少在职业范围内(如数学、物理)超乎国际水准而在意义结构上深陷"我族中心"的海外中国学人。如果哲学家只是一种职业的表征,那么我们不难想象一个在课堂上进行形式推理时有条不紊而平常整天胡思乱想的"哲学家",也不难想象一个在公开场合高唱国际主义而私下完全为狭隘的种族主义所驱使的"哲学家"。重建中国心性之学的重任,当然不能付托在这一类型的专家身上。

也许我对哲学从业人员的要求太过苛刻了,也许心性之学根本无法生存在职业哲学家的手里,也许儒家的基本精神就和目前欧美大学数百门分类科目之一的"哲学"大相径庭,因此我们不但要问如何通过现代的语言文字把儒家的体验精神一丝不苟地展示出来,而且要进一步追问为什么(也就是基于何种动机)我们要在20世纪的今天积极地钻研心性之学。然而我所面临的问题还不尽如此。

三

对于儒家心性之学的时代性这一问题,我的态度既不同于辩护派,也不同于激进派。究竟儒家是否哲学或者是否宗教这种学术性的问题,在我看来对儒家本身并没有什么实质的关系,对一般哲学或宗教的精神趋向却具有决定性的影响(这是一个极为重要的问题,必须在专文中探讨,目前暂且存而不论)。今天儒家所面临的挑战不只在国际学坛,而且在全体人类。儒家是否有时代的意义不能只靠少数经院学者的吹嘘,如果以大专教育为例,世界上讲授原始土著文化或印第安文化的欧美教授,就要比研究儒家的中国学者多好几千人。因此,只有当现代青年在儒家的精神价值里找到一些亲和感,进而立志做儒者,负起仁以为己任的重担,并引发"为天地立心,为生民立命,为往圣继绝学,为万世开太平"的悲愿时,儒家才不仅是四书五经以及宋明语录所流传下来的历史现象。

正因为如此,我深深地感到儒家今天所最迫切需要的,实在是一批活生生、气昂昂的"见证者"——因为深入智慧的源泉而有活生生的风姿,因为内涵道德的大勇而有气昂昂的胸襟。基督教所以能够在凡俗化大盛的 20 世纪开拓新的神学领域,犹太教所以能够在以色列民族生死存亡的关头大放光明,禅宗所以能够在功利主义至上的社会里开花结果,印度教所以能够在饥饿的边缘仍保存古代传统的庄严性,固然由于很多经济、政治、社会、文化等外在因素的交互影响,但是真正的动源仍来自各精神传承内部的见证者。所以我总对蒂利希(Tillich)、布伯(Buber)、西田几多郎、铃木大拙、拉达克利希南(Radhakrishnan)几位20世纪的宗教发言人怀着无比的尊敬和向往。事实上,儒家的血脉所以还能通过五四时代不断如缕的危险关头默默地远流,也靠熊十力和梁漱溟等几位哲学大师的奋勉精进。

从纯学术的立场来观察,宗教性的见证者必然会失去客观的妥当性,结果研究的课题也就不自觉地被许多异质的价值判断所混淆,这是道统所以不见容于学统的基本原因,所以学术界人士对体验之学总抱着怀疑的态度。那么儒家的心性之学是否必须脱离学术界,像基督教一般在穷乡僻野里"传道"呢?其实,明代阳明学派的地方讲学和定期集会,尤其像王心斋和王龙溪等大儒以毕生精力在社会的基层里做提携后进的圣贤大业,就是这种精神的具体表现。但是今天我们根本一无所有,连最起码的栖身之处都不容易找到。在这样艰难困苦的环境之中,哪里能谈广度的影响。确实,基督有教堂,释迦有庙宇,孔子连一个土高三寸的讲台都没有。"知其不可为而为之"的精神该需要多大的毅力和忍耐!

然而,留在学术界却要讲体验之学又如何可能呢?假使可能的话,究竟儒家的心性之学应当通过哪一种历程才能真正地深入国际学坛呢?

四

对我个人而言,儒家的心性之学不但是哲学思想,而且是宗教体验。读《论语》《孟子》,是要在生命的底层引起质的变化;读宋明语录,是要在人格的内部涵养真的性灵。这即是所谓的"实学"。我从来没有怀疑过儒家的时代意义,也从来没有忧虑过儒家的内在价值,这固然与师承有密切的关系,但我总觉得亲近儒家、接受儒家是一种心甘意愿的自然归趋。现在我虽然不敢自居为儒者,但我也不敢背弃想要努力做一个儒者的志向——我是在尝试着做一个儒者的过程中。我的问题究竟在哪里呢?我所谓的一种不可名状的恐惧又何所指呢?

在旅行期间我反省近年来的经历,发现自己已打破了许多在一般人心目中业已根深蒂固的儒者形象。正如一位好友所说,远游异国七年,连讲中国话都要夹带一些英文单词,还做什么儒者,真是自欺欺人。言下之意,好像在美国研究儒家哲学,最多只能作些理智的思考,要想在生活践履上体认儒学,就未免太天真了。因为离开了中国的土地,就必然和儒学绝了缘。这种规劝我是无法接受的。

如果儒学只有在中国人的社会里才能生根,而事实上,二十多

迈进"自由之门"的儒家：伯克利十年(1971—1981)

年来在中国人的社会里,儒学几被全盘铲除(现在只有一些边缘性中国人的社会里还残余某些儒学的种子),那么我们势必推导出儒学已无路可走、无处可逃的结论。这种结论不但违悖情理,显然也与海外知识分子的精神趋向不合。我认为20世纪的儒学不但要超越地域环境、经济条件、政治权威和社会习俗的限制,而且也要超越文化传承的约束。儒家惟一不能超越的是人的本身。实际上,如何做一个儒者,即等于如何做一个真实和完整的人。只有在人性的本质层引发自觉的真己,才是儒家体验之学的灵魂。如果没有儒家的灵魂,即使循规蹈矩地服从道德的制约,最多也不过做个乡愿型的迂儒罢了！

在历史上,儒家曾超越地域环境的限制,从鲁国传播到东亚世界的每一个角落。日本在德川时代可以被称为儒教国家,这是大家所熟悉的;朝鲜的朝鲜朝受儒家文化的影响极深,这也是大家都知道的。然而直到1967年我亲到汉城去拜访韩国大儒李相殷先生并参观奎章阁藏书之后,才略略知道儒学在朝鲜李朝独立发展的实情：李滉(退溪)和李珥(栗谷)等几位在朝鲜历史上大放光明的饱学之士,其实都是极富创发性的儒学思想家。近来翻读李珥的《栗谷全书》感触更深了——儒学在理论上必能超越地域的限制,在事实上也已经超越了地域的限制,儒学本身有世界性的潜能是不容忽视的。

儒学又如何能超越经济条件、政治权威和社会习俗呢？在儒学一蹶不振之后，这也是必须解决的问题。当前儒者最大的使命就是如何从钱、权、势三毒中超脱出来，建立一个以学术文化为标准、以生命批判（criticism of life）为中心的知识堡垒。自然，任何文化运动都需要经费、都需要力量、都需要影响，但是由文化精神的感召所聚集的经费、所发挥的力量、所传播的影响，和用金钱收买乃至用权势压迫所形成的"文化"圈，在本质上就有天壤之别，这是绝对不可不辨别清楚的。

至于儒学如何超越文化传承的约束，那就更复杂了。浅近地说，只有当儒学跳出了"我族中心主义"的魔障之后，才会有超越文化约束的一丝希望。固然，两千年来绝大多数的儒者都出于中土，而且我们还要继续不断地力争上流，重新负起弘扬儒学的天职。同时，我们也必须要有真理为天下公器的雅量，期待陆象山所称心同理同的西方圣人、南方圣人、北方圣人和东方圣人。不管天南地北，不顾东洋西洋，只要有真儒，我们就去求教；只要有狂狷之士，我们就去提携。这才是弘扬儒学的正途。我们希望三四十年之后，世界各处都有践行儒术的志士仁人。但这不是因为中国儒学应当传遍全球，而是因为儒学的存在真理应当为人类全体所共享。当我们把精神上提而高瞻远视的时候，好像什么问题都会迎刃而解了。其实不然。

迈进"自由之门"的儒家：伯克利十年(1971—1981)

五

儒家最基本的关切是如何成圣成贤。今天我们一提到圣贤，就会有一种可望而不可及的感觉。如果有人宣称自己已立下做圣贤的宏愿，我们一定会在背后讥笑他的迂阔和骄傲。"能够做个诚实的人就很够了，不必太好高骛远。"这是大家常常挂在嘴边的话头。其实，我们假使进一步地去分析儒家所谓圣贤的意义，就会发现儒家的圣贤其实就是最纯粹最完整的人，也就是最精诚最真实的人。所以，做个诚实的人，这件说起来极为轻松的事，就是儒者穷毕生之力还不一定能完成的圣贤大业。

熊十力先生认为他的学问既不是宗教又不是哲学，正是针对儒家从存在体验引发人生智慧的特性而发。儒家论学的重点不在思辨而在实践，这虽然并不表示儒学没有思辨性，但却明显地指出儒者的思辨绝不是独立于内在体证之外的哲学戏论。凡是脱离儒者反躬自省的抽象系统，都不足以穷尽儒学的真精神。牟宗三先生在《心体与性体》综论部分中，点出从心性之学建立道德的形而上学(moral metaphysics)的途径，这即是儒者论学的康庄大道。

今日欧美的思想界究竟能否相应于儒家论学的基本途径呢？这是我们必须鉴别的问题。由于欧美的思想界错综复杂，包罗万象,所以鉴别的问题就显得格外紧要。同时,鉴别必然包含着鉴别的标准,因此如何建立我们鉴别的标准又是不容忽视的问题。凡此都指向一个显而易见的道理:我们必须以了解儒家本身的"内在动力"(inner dynamics)和建立儒者自身的"内在认同"(inner identity)为当务之急。只有大原则树立以后,我们才有资格昂首阔步于国际学坛。如果我们想借用别人的方法,而不经过流血流汗的辛勤耕耘来建立自己的方法,就想把儒家在西方哲学里借尸还魂了,这是一种讨便宜的手段,也是一种缺乏独立精神的手段。

1969年第五届东西哲学家会议在夏威夷召开的时候,方东美先生曾针对西方时兴的深度心理学(depth-psychology)提出"高度心理学"(height-psychology)一名词。最近我常思考这一观念所代表的意义。自从弗洛伊德(Freud)建立心理分析学以来,西方学者已提出极精辟的科学理论来解析人性的深度面,尤其是下意识层(unconsciousness)之类的问题。对病态心理学,或应称心理病理学(psychopathology)有极大的贡献,但是东方的体验之学并不仅是养生之道,而且是宗教哲学上的自我超升,属于健康心理学的层面。如果心理分析学想要对人类的"自我知识"(self-knowledge)有更进一步的了解,除了深度心理分析学外,务必发展一套相应于东方体验之学的高度心理分析学。我举出这个例子无非是要说明:在创造地和批判地接受欧美现成的方法之前,必须先建立自己的鉴别标准。只有如此,我们才能发展独立自主的学术精神。

六

儒家的问题是从"如何"下手的。只有环绕着"如何"这一问题,才有真正的道德实践,才能知行合一,才会由用显体。然而,在1970年的今天,一个身处异国往教他方的人,又"如何"做一个儒者呢?这是一个没有往例可循、没有教条可依的大问题。每思及此,总有一种无可名状的恐惧涌上心头。确实,旅居海外的现代中国知识分子,免不了都会有失落和无根的感觉。有些人开始对"知识分子"这一观念进行批判,有些人对所谓"现代"这一观念加以审查,有些人甚至对"中国"这一观念也提出质疑。儒家所注重的是做人的基本问题,因此我们也不得不反省"人"这一观念的全部意义。

海德格尔似曾说过,去得一分经院哲学才能存得一分哲学思考。今天我们一无傍依:既无学统可去,又无道统可存,只能靠自己孤独的灵魂在遥远的天边做回归的大业。三个半月可以旅游万里多路,但却不能凝结出一个真实的问题,重建心性之学的艰难可想而知。"穷则变,变则通",这是儒家的古训。究竟这里所谈的是不知通变的穷途末路,还是极尽穷困之后而涌现出来的变通之道?如果是前者,那么我所说的不过只是随着烟消云散的光景而已;如果是后者,也许这篇感叹之辞确还象征着一些内在的体悟。无论如何,至少要花上三四十年的工夫,才能把此刻的心境真正定位。

1970 年 9 月于康桥

(原载《大学杂志》第 36 期,1970 年 12 月)

儒家心性之学
——论中国哲学和宗教的途径问题

一

哲学与宗教两大观念的分野,在西方可以用来描述两种泾渭分明的历史现象。在以儒家为主的中国,则常用来介绍同一类型的文化传承,这是一个显而易见但却关系重大的事实。当然,任何一本讨论西方哲学通史的大作,都不会忽视奥古斯丁、托马斯·阿奎那以及克尔凯郭尔等宗教家对哲学思想的贡献;任何一本讨论西方宗教通史的大作,也都不会忽视康德(Kant)、尼采(Nietzsche)和威廉·詹姆斯(William James)等哲学家对宗教思想的贡献。而且,近年来分析派哲学家对宗教问题的兴趣愈来愈浓厚,基督教神学家对哲学思考的方法问题愈来愈正视。哲学家与宗教家携手合作的机缘一多,相互"对话"(dialogue)的意愿自然地加强,哲学与宗教的区别,至少从学术探讨的层面来观察,也就无形地减少了。譬如马丁·布伯(Martin Buber)是犹太神学家,但他在《哲学的人学》(*Philosophical Anthropology*)一方面的造诣就有举足轻重的影响力。马丁·海德格尔(Martin Heidegger)是德国哲学家,但他对基督教的神学发展实有极大的导引力。保罗·蒂利希(Paul Tillich)曾说过,他在思想摸索的过程中常陷在选择哲学或选择神学的迷惘里。

但是我们仍可宣称,在西方,哲学与宗教代表两种相互影响但却各自独立的文化传承。哲学的问题与方法,和宗教的问题与方法根本不相同。我们甚至可以借助一些肤浅的二分法,如理智—信仰及思辨—体验,把哲学与宗教绝然地划分开。因此,以希腊传统为起点的哲学通史,对基督教的新旧约、耶稣的福音、中世纪的圣徒、马丁·路德(Martin Luther)、加尔文(Calvin),乃至当代的神学大师如卡尔·巴特(Karl Barth)、尼布尔(Richard Niebuhr)都可以置之不顾;以希伯来传统为主干的宗教通史,也可以把许多极富创见的哲人如笛卡尔(Descartes)、莱布尼茨(Leibniz)、马克思(Marx)、萨特(Sartre)一笔勾销。这种现象固然表现出西方传统的多面性、多元性与多样性,但也同时指出"哲学"与"宗教"这些发源于西方文化的观念本身,实在带有相当程度的局限性。如果要用这些观念来描写非西方的文化传统,我们不能不自觉到它们因互相排斥而常有无法抓住理解中国或印度精神世界的关键问题的失误。在这里我必须声明,我并不反对利用西方观念来讨论儒家思想,我甚至以为我们应当而且必须利用许多根源于西方的观念,才能对儒家思想作系统的解析。但是,我仍要坚持一点:只有当我们对西方观念的定向性与局限性有了明确的认识以后,我们才能适当地借用它们,灵活地运用它们。否则,很容易陷入作茧自缚的窘境。我国在吸收印度佛教文化的初期,曾经过"格义"的阶段,现在消化西方思想是否也应如法炮制,还是有更高明的途径,这是有志于沟通中西的人士必须再三思索的大问题。

二

从历史发展的线索而言,哲学与宗教在西方确代表两个传统,但在中国最多只能指向同一传统的两面。其实,哲学与宗教不分的现象出现在回教的阿拉伯文化、婆罗门教的印度文化、佛教的东南亚文化和西藏文化及儒家的东亚文化。从世界大势来观察,哲学与宗教互相转化,互相制衡,并且独立自存的现象是西方文明的特殊性而不是人类文化的普遍性。因此,我们不必追问儒家是哲学还是宗教,以及中国是否有哲学、有宗教之类的问题。除非我们确想知道中国是否有类似希腊的哲学思辨,是否有类似基督教的宗教体验。否则,我们所面临的问题应当如下:哲学和宗教这两个极为繁富的西方观念,是否可以帮助我们了解以儒家为主的中国文化?我们是否可以通过哲学和宗教两个层面来展示儒家的"内在资源"及"外在动力"?我们甚至可以追问:如果我们把哲学与宗教两个抽象的观念不先经过一些厘清的过程就拿来分析儒家这一系列的具体文化现象,会不会犯了削足适履的谬误?如果因为经过仔细的检查而不会犯此谬误,我们的研究是否对哲学与宗教两个抽象观念的本身也可以提出若干修正?换句话说(姑且套用"格义"的例子),哲学与宗教两观念,可以帮助我们深一层地了解儒家的问题性与方向性;同样地,通过儒家传统的具体性,哲学与宗教两观念本身在目前的局限性也会益趋明朗,它们将来趋向普遍性的可能也会逐渐增大。因为哲学与宗教两观念不但受文化的约束,而且受时代的阻隔——同时也只有在文化和时代的相互关联中,这两个观念才会有较确定的意义。因此,我们所要探索的主题是儒家的哲学性与宗教性,而不是作为哲学或宗教的儒家。前者是利用哲学与宗教两个根源于西方的抽象观念来彰明儒家自身的问题性,后者是把儒家与某种既存的哲学及宗教现象类比一番,俾便评价儒家的得失。我们并不反对价值判断,有时批评是最有效的激励。但我们认为,同情的了悟和系统的理解不但在时间的序列上应当占先,而且在精力的分配上也应当占多。因为先入为主的归类以及隔靴搔痒的衡断,都是我们研究儒家心性之学的大敌。只有达到相当程度的了解之后,我们才能判断适中,才取得批评的权利和资格。

三

我们是否只有通过哲学的思辨和宗教的体验才能深入儒家的心性之学?逐步地探究儒家心性之学的内涵以后,我们对哲学思辨和宗教体验是否会有较全面较深入的把握?表面上这好像是一套文字游戏,当我们对"哲学"、"思辨"、"宗教"、"体验"、"儒家"以及"心性"等大名词都还没有界定以前就把它们贯串起来,或说拼凑起来,这是非常不合科学条理的混淆。现在让我们把这个极为迫切的问题先厘清一番。有过"语言分析"训练的朋友也许会说,我们在此所做的探索不过是些逻辑的"循环论证"罢了,并无实质的意义。我们承认前面所用的六大名词没有一个是可以界定清楚的。也就是说,不管采用哪一种时兴的定义,我们都无法把"哲学"或"宗教"等名词规划明白。事实上,在人类自觉反省的精神发展史中,绝大多数的关键问题都不能仅依赖定义的方式来解决。定义的重大作用之一,是帮助我们把要说的话说得清楚明白,但是许多重大的观念并不能只靠命题的方式来传达,有时必须(除此之外别无他法)用指示的权宜之计。譬如"道可道非常道"就是一个很好的例子。道既不可道(不能言诠),我们又为什么费了那么多唇舌和心血来谈论道呢?因为道虽不能由语言来把握,语言,借用布伯的话,却可以指向真实的道(pointing to the Way)。同样地,我们在此所做的工作并不是描述"道"(道是"无",如何能用直陈式的语言来描述?),而是指出一条"如何"趋向道的途径。也许我们所指出的方向完全错了,谬误的危险本来极大,但是我们仍希望"如何指向"本身即是值得用心用力加以探讨的问题。因此,我们的目的不是要做一番把上述六大观念予以厘清的工夫,而是想凭借常用的名词指出通向儒家心性之学的道。这也就是我们为什么采用"途径"一词的根本理由。

但是,我们虽然不采取定义的方式来界约前面所称的大名词,也就是说,不开门见山地把这些名词规划清楚,却意识到避免混淆的重要性。因此,在实际上运用这些名词的时候,我们应当尽量避免"语言休假"的危险,希望在上下文的关联中每一名词的运作定义都还能保持清晰。我们决定采取一条迂回的道路无非想说明,在本文中,语言的任务不是刻画一些可以外在化而且可以向公众展示的客观事实,而是指向一种不能外在化而且无法诉诸客观事件的内在真理。"指向道"的目的,不是想要向一般人描述道的内涵,这根本是不可能的事,而是希望每一个人都能自己亲身经验道。这就是王弼所称的体道(体无)。因此,我们的原初问题是"如何"而不是"为何"。

"如何"必须含着一套随时加以修正的方法。它是一个尚在发展和探究中的动态过程,而不是一个业已停顿和完成了的静态的罗列。"如何"必然地带着相当程度的未知数,被"如何"一问题所困扰的人,是一个在黑暗中摸索前进的"忧患"灵魂。他的怀疑使他不安,他的恐惧使他心虚。因为不安,所以他必须再接再厉地磨炼自己;因为心虚,所以他不能不随处感受时空的挑战。这和一个自以为已获得真理并且踌躇满志的人大不相同。马塞尔(Gabriel Marcel)称他的论文集为《探索》(Searchings,这是1967年英译本的名字,原版为德文,在1964年发行,名字是 Auf der Suche nach Wahrheit und Gere Chtigheit),萨特称他的近著为《一个方法的探索》(Search for a Method,原名为"Questions de Méthode",属于 Critique de la raison alectiqueid 的序文,Critique 一书长达755页,出版于1960年,是萨特继《存在与虚无》一书后最重要的哲学巨著),海德格尔在其讨论"思考"一文中(Conversation on a Country Path about Thinking)也战战兢兢地提出探索沉思(meditative thinking)的途径问题。这三位皆是欧洲当代的思想大师,如果他们都不愿意也不能够自鸣得意,我们初出茅庐的思想者哪里还敢心高气傲?!

四

现在让我们重新正视前面所触及的问题:如何在哲学思辨和宗教体验的中间探索儒家的心性之学? 首先我们必须指出,"中间"一观念并不含着空隙的意思。我们并不想在哲学与宗教间的空隙里去寻求儒家的心性之学。如果哲学与宗教之间真有空隙的话,其所能代表的最多亦是哲学以及宗教的边缘问题;任何一种哲学或宗教都在探索人类的智慧和感情所能企及的最基本的真实和关切,它们的边缘问题对儒家又有什么特殊的价值呢? 因此,我们用"中间"一词的意思,并不是要在哲学与宗教之外来探索一条狭隘的中间路线。相反地,我们的目的是要在哲学与宗教互相交汇的核心处,探索一个既是哲学又是宗教的中间点。只有这个中间点,才能作为指向儒家心性之学的起点。

借用一个吊诡的表达方式,儒家既不是一种哲学又不是一种宗教,正因为儒家既是哲学又是宗教。如果仅把儒家当做一种哲学,一种理智的思辨,一种纯智的解析,一种逻辑的争论,一种思想的厘清,那么儒家的体验精神就会被忽略了;如果仅把儒家当做一

迈进"自由之门"的儒家：伯克利十年(1971—1981)

种宗教，一种直觉的体验，一种灵魂的信仰，一种绝对的皈依，一种感情的超升，那么儒家的学术精神就会被贬低了。儒家的哲学思辨不应变成观念的游戏，也不应变成玄学的戏论，因为儒家哲学的思辨是"实学"，是要在具体生命的气质变化中表现出来的。儒家的宗教体验不应变成盲目的信仰，也不应变成反理智的迷信，因为儒家的宗教体验，借用熊十力先生的名词，是"证智"，是要在人性的智慧关照下成就人伦社会的圣贤大业的。这种"极高明而道中庸"的体验哲学或智性宗教——也就是"宗教—哲学"(Religio-philosophy)，只能在哲学与宗教的交汇处与共通处找到安心立命的"场所"。但是，因为哲学与宗教两观念的本身受其历史陈迹、文化趋向与社会风气各种类型的时间限制甚大，它们之间的交汇处与共通处往往因时因地而异：或为广大的平野，或为细小的支流，或为多数学人的共信，或为少数哲士的期望。无论如何，儒家的心性之学，只有在这现在还不易了解、不易描述、不易掌握的土地上才能生根，才能开花结果。

哲学与宗教的关系一直是思想家们所正视的大问题，就现代思潮发展的趋向来观察，这个问题的重要性必会更加明朗化。哲学思辨的初衷，本来即是宗教精神的普遍化。苏格拉底的终极关怀"认识自己"，并不只是理智的观赏。认识自己即是体现自己，成全自己——一种发自人性内部的宗教要求。因此，"人是理性的动物"不仅表示一种客观的陈述,而且指出一种极为庄严的神圣责任。据此类推,"纯粹理性批判"的最终目的是要肯定道德秩序的超越性,"绝对精神"所以必须自我展现的理由,也是为了要指出人类的价值趋向。即使是唯物论,也无非想要从社会经济的具体现实中,点出人类如何从存在的限制里创造价值之源以图自解自救的途径。从另一个角度来考察,宗教体验的初衷,本来也即哲学精神的具体化。耶稣基督"道成肉身",并不只是信仰的体现。"道成肉身",即是通过具体的生命把上帝的爱,也可以说是哲学上最后的真实(道),呈露在现象世界之中。我们虽然不必墨守基督教的象征系统(symbolic system),但我们不能忽视"基督"这一具体的象征符号所代表的普遍意义。事实上,基督教的神秘大师如马斯特·艾赫特(Meister Eckhart),就有类似道家体无的感受。我们不能因为他所运用的象征符号都属于基督教,就否认他证道的普遍性。换句话说,他的宗教体验确有深厚的哲学意义。

五

从中国历史发展的探索来观察,儒家是许多中国大思想家由具体的文化现象通向永恒的普遍价值所采取的途径。因此,儒家

迈进"自由之门"的儒家：伯克利十年(1971—1981)

和世界上其他精神传承如犹太教、基督教、回教、印度教、佛教及道家一样，也是人类由现实的具体存在通向永恒价值的途径之一。我们要想重新证验儒家的心性之学，必须从我们自己的具体经验出发。只有如此，才能逐渐展现心性之学的普遍性。这是一种掘井及泉的方法：我们愈能深入自己具体存在的"场所"（借用日本哲人西田几多郎的观念），愈能接近普遍人性的泉源。如果我们不能沉潜内敛而一味想去拾取别人的智慧，那么即使飞越重洋环游世界，仍无法了解"普遍性"的真实意义。

我们又如何了解我们自己的具体存在呢？当下的宗教承担和隔离的哲学智慧都是不可或缺的要素。没有承担，我们即使对自己有深入的理智分析，仍是一群毫无真实生命和真实动力的"脱节人"（irrelevant men）；没有智慧，我们即使对生命有强烈的宗教感受，最多只是一群被热情焚燃的盲动者。进一步来说，以仁德为动机的宗教承担，必然包含着存在的大智大勇，因为当我们把"赞天地之化育"当做自己为乾坤尽孝，为万物"践形"的"终极关怀"（ultimate concern）的时候，已把自己的"意、必、固、我"一一化除。"廓然大公"的心灵，自然会涌现人性最内在也最真实的智慧之光；相同地，以证验为基础的哲学智慧，必然包含着生命的创造力，因为当我们把"极高明"的灵觉转而用来"成己成物"以达到"反身而诚，乐莫大焉"的境界的时候，我们已从"智及之而仁不能守之"的分离状态跃进到"与天地万物为一体"的仁者胸怀了。

上述的最高理想并不是脱离现实的乌托邦。相反地,儒家心性之学的起点和终站,都必须落在当前的凡俗世界(secular world)。其实人的生物性、生理性、心理性、经济性、政治性、社会性和"宗教—哲学"性,都是儒家心性之学所关切的重大问题。通向心性之学的道路绝不能跨越这些具体的层面。否则,如果不背上"玩弄光景"的罪名,至少也是犯了"悬理以限事"的谬误。但是,儒家的心性之学教我们做人,做真人(真实无妄的人,或许这也是道家真人的本来意义),做勿自欺的君子儒。这门学问不应受年龄、性别、职业、种族、国籍和信仰的限制,它是一门普及四海的学问,因此这门学问的对象不是一套观念和一串命题,而是每一个有血有肉的、具体存在的人。

有血肉的人必会受到生老病死的打击,具体存在的人必能感到衣食住行的威胁。除此之外,真儒还要接受经济、政治和社会的现实挑战,并且,因为历史意识的跃动,必须担负起文化传承的使命。这样的人不能只躲在书斋里写藏诸名山传诸其人的巨作,也不能只求发生影响而忘却了影响的真实意义。真儒可以出现在任何一种时空的交会点,他不受信仰、国籍、种族、职业、性别和年龄的限制。任何人都可以谈论心性之学,任何与儒家心性之学相契的人,都可以做践履的工夫;任何以儒家心性之学为"终极关怀"的,都可以传达成圣成贤(圣贤即是真人)的信息。儒学本来是以四海为家的体验之学。凡是想把儒家的心性之学局限在某个地域环境、某种文化传统以及某类职业分工的,都犯了井底之蛙的错误。

因此,所谓"具体的普遍"即指出:儒家心性之学所接触的是普遍人性的价值问题,但是通向这问题的途径必须是探索者的自证自验。然则探索者的自证自验不仅是反躬求证的内在体验,而且是有血有肉的人在现实社会里的修身齐家治国平天下——他有姓名,有生日,有籍贯,有年龄,有家庭,有职业,有社团,有国家。这些具体的条件非但不限制他证验普遍真理的终极关切,而且是他所以能够和人性的最高价值发生血肉关系的具体保证。如果我们想要有系统地来展示儒家的心性之学,一定不能忽视了儒家原本智慧(primordial wisdom)的精神方向。

最后,我们必须指出,儒家的原本智慧不能只靠少数哲学的思辨者和宗教的体验者来彰显。除非现代中国每一层面的知识分子,包括政治家、企业家、艺术家、文学家乃至社会工作者、新闻评论者、教育从业人员都起来响应,儒家心性之学不绝如缕的险境还会继续延展下去,我们这批在旷野里呼唤的游魂,也终究无法避免"知其不可为而为之"的悲剧命运。尽管如此,我们仍然坚信,普遍真理的具体呈现必须依赖自启自发的见证者。而且,惟有通过有血有肉的具体证验,儒家心性之学的普遍价值才能重新活现于今世。这是当前有志之士的百年大业。

        1970年11月于康桥

       （原载纽约《联合杂志》）

印度行感言

如果我们必须依赖当今美国社会科学家所坚持的方法来测量印度文明,那么经济成长、人口控制、大众传播、区域发展、社会福利或交通联系这些所谓现代文明的表征,在印度都还相当落后。加上多元文化、多种语言以及阶级文化等等离心力的干扰,如何把印度建成一个统一富强的大国,在许多印度地方领袖心目中还不是大家共同接受的政治理想,而只是少数中央政客的宣传工具罢了。但是,如果我们改换一种测量的尺度,从文化价值的延续性、普及性及创造性来观察,那么印度不仅是人人钦慕的宗教故国,而且是批判当今机械文明最有力的现代文化。

1966年我曾想借返台湾之便游印度,可惜花了几个月的工夫,手续仍旧没有办妥,加上西藏边界的冲突尚留下了许多阴影,只好从伊斯坦布尔直飞曼谷,跨越了这片到处是名胜古迹的大国。这次能够应邀到马德拉斯去参加该国独立以来规模最大的世界哲学会议,不能不说是一次难得的机缘。关于会议的内容及意义将来应在专文中报道,现在先把一些感触写下来供给大家参考。

印度的哲学界极为活跃,从事于哲学研究的专业人才从80多岁的拉德克律辛那到大学部的青年学子,每一年代,每一阶段,都有许多要以哲学为终身职责的从业员。单以马德拉斯大学的高深哲学研究中心为例,他们的研究员就被分为后博士、博士、前博士、硕士等级,每一级都有确定的研读项目。譬如以印度哲学为主的硕士班,必须通过八项考试,包括印度逻辑及认识论、印度伦理学及社会哲学,"吠檀多"各家、佛教、其他印度哲学宗派以及当代印度哲学发展等科目。

马德拉斯是婆罗门教,尤其是"商羯罗"所代表的吠檀多一元论的中心,因此梵文研究极为普遍。为了配合国际哲学大会,当地的负责人马赫德坊(Mahadevan)安排了一项完全根据古法的梵语辩论大会。据称,许多研究生都还能听懂这种极为典雅的语言。

其实,以婆罗门教为主的印度哲学,不仅是少数学人的智性活动,而且还是大多数印度平民的精神寄托。有一次利用郊游的机会,我们被带领到一座外观相当质朴的古庙,原来这是南印婆罗门教"圣人"的住家。世界哲学会议的主持人马赫德坊自己就是这位圣人的弟子,因此也袒肩露臂和许多其他弟子一起站在圣人的右手边,并按顺序把在场的哲人一一向他介绍。几乎每一位来自

迈进"自由之门"的儒家：伯克利十年（1971—1981）

印度的代表,包括从斯里兰卡来的佛教徒,都向这位圣人行最庄严的顶拜之礼。在西方固然不容易看到这种现象,就是在禅宗大盛的日本,这种以宗教体验涵盖哲学思辨的精神,也不多见。圣人态度和蔼,谈话亦极亲切。最后他提出一个向大家请教的问题:在世界各大派思想的主流中,是否都能承认自己的内在限制,并接受其他途径也有通向最高真理的可能性？

这个问题从儒释道三家的立场来回答并不困难,但从犹太—基督教的文化传承来观察,就很不容易应付了。英国伦敦大学的路易斯教授指出,保罗·蒂利希的神学确有这种雅量,但他无法进一步断言蒂利希的神学已能代表当代基督教的主流。

除了哲学宗教以外,在印度最令我向往的要算是音乐与舞蹈了。记得去年8月在美国科罗拉多州艾思本开会的时候,曾聆听过拉维商卡（Ravi Shankar）的琴声,当时已深深地感到印度音乐能在20世纪的欧美大放异彩实在并非偶然。尤其和拉维商卡本人见面谈天后,更觉得今天欧美的音乐大师如小提琴家梅纽因（Menuhin）对印度音乐如此倾倒,归根究底实是因为印度的音乐不仅是一种娱乐,而且是一种神秘的宗教礼赞。经过几十年苦修所奏出的音乐和唱出的歌曲,果然有其感人肺腑之处。这次由大会的安排,竟能欣赏到当代最受尊敬的古典音乐家苏布拉克西米的歌喉,真是格外荣幸。当这位女声乐家在台上高唱"阳春白雪"

的时候，全场数以千计的听众好像凝成一股沉默的人潮，随着她声浪的抑扬顿挫而起伏摇荡。这虽然是我第一次的经验，但置身于许多知音之中，自己也禁不住手舞足蹈了。

印度的舞蹈那就更是叹为观止了！我曾欣赏过不少观光饭店举办的民族舞蹈。在我的印象里，只要有好的身段，加上三五个月的练习，就可以粉墨登场宣扬国粹了。印度的古典舞蹈却和我国的京剧相似，需要经过严师的设班训练才有资格正式出场，因为印度的古典舞蹈如同印度的音乐，是一种要求终身奉献的宗教事业。一场表演常历时数小时，而多半只由一位或两位舞蹈专家来主持，伴奏则由师父亲领乐师们共同担任。这次我们所欣赏的都是女性的舞蹈表演。据称，乐器家拉维商卡的长兄，即是闻名全印度的男性舞蹈专家。

印度古典舞蹈最引人入胜的是表情：除了动作，尤其是脚底极其复杂的节拍以外，面部从眉毛到嘴唇都有特定的作用，观众必须凝神贯注才能真正捕捉到整体的形象。印度哲人达亚克辛那（Daya Krishna）会后告诉我，印度的《舞谱》是一项极其完备的巨作，其中把全身各种肌肉的运动方式以及每一表情的象征意义都分析得淋漓尽致。如果把这本大书翻阅一遍，对印度的舞蹈一定会更加喜爱了。

我在印度只逗留了两个星期，然而短短的十数天，我接触了

40多位杰出的印度哲人,又观赏了南印度最美的舞蹈和最妙的歌唱,我虽目睹了许多贫穷,耳闻了许多动乱,这些当然也都是必须正视的大问题,可是我心里所领受的却是印度最好的一面。

1971年1月于康桥
(原载香港《华侨日报》)

一个真实的人

——为纪念王阳明诞辰五百周年

两种纪念

王阳明生于1472年10月31日,距今恰好五百周年。为了对这位体现"身心之学"的大儒表示尊敬,以东京大学宇野哲人为首的日本学人,在数年前就已拟定了一项出版《阳明学大系》的计划,准备陆续刊行十二大册有关阳明研究的论文。第一册命名为《阳明学入门》的精装本业已问世。除了宇野哲人的序说外,内收安岗正笃的《王阳明传》、冈田武彦的《陆王学谱(上)》、山井涌的《陆王学谱(下)》、中村八郎的《王阳明及明代之政治军事》、中村治兵卫的《王阳明及明代之经济》、多贺秋五郎的《王阳明及明代之教育制度》、柳存仁的《王阳明及明代之道教》、荒木见悟的《阳明学及明代之佛教》、目加田诚的《阳明学及明代之文艺》、酒井忠夫的《阳明学及明代之善书》、薮内清的《阳明学及明代之科学》、陈荣捷的《欧美之阳明学》、阿部吉雄的《韩国之阳明学》、山下龙二的《日本之阳明学》、唐君毅的《阳明学及朱子学》以及山室三良的《阳明学及现代》。这17位撰稿人都是国际知名的权威学者,其中包括3位执教海外的中国教授。他们的论文是以中文撰写然后分别从澳洲(柳)、美国(陈)及香港(唐)寄往日本,再由日本学人逐字翻译成日文的。其中固然有些疏漏的地方,但这种促进国际间学术合作的精神是值得敬佩的。

在美国,规模宏大的亚洲学会特在其年会中安排了一项纪念王阳明诞辰五百周年的座谈会。这项在3月28日纽约华道夫旅馆举行的学术座谈会,由陈荣捷先生主持,参加研讨的包括哥伦比亚大学的狄百瑞(W. T. de Bary)及斯坦福大学的倪德卫(D. Nivison)。另外,夏威夷的"东西哲人会议"准备在今年召开一项以阳明哲学为题的国际学会。应邀参加的学者现已包括台湾的方东美及香港的唐君毅及牟宗三诸位先生。以夏大哲学系为骨干的《东西哲学》学报,将以专辑刊载在该学会所提出的论文。

这两种纪念阳明的方法虽然不同,但都代表极庄严的学术意义。固然,阳明是经过千锤百炼的考验才提出致良知教的力行者,因而纯学术的研究永远无法深入其人生哲学的堂奥。但我觉得,通过慎思明辨的学问工夫,不但可以把阳明的历史意义渐渐地展示出来,而且可以把阳明的哲学内涵层层地解析出来。这种形态的努力,在表面上似乎不如大肆宣传阳明的思想来得有效,但归根究底,文化上潜移默化的力量,总比政治上向壁虚造的捧赞高明多了。

一些回忆

记得有一次到台北近郊的阳明山去欣赏樱花的时候(那已是十年前的事了),我忽然觉得把草山改名为阳明山是多么明智的抉择。固然,周敦颐因为他喜欢观赏万物的生意,而不肯剪除窗前的春草,是极富诗意的史实,但是王阳明知行合一的精神,在天崩地裂的时代却更有振奋人心的功效。我第一次接触阳明的诗文和学说是在初中一年级,那时就意识到他的价值趋向和世俗的忠孝单元论很不相类。后来逐渐摸索,才发现阳明与天地万物为一体的大人之学,根本和专制王朝所要求的"同心合德"大异其趣。阳明所表现的是一种强烈的抗议精神:他反对虚伪的社会礼俗,反对毫无灵性的考试制度,更反对受贪官污吏所僭取的政体。因此他不怕世人的耻笑而高唱身心之学,不惜牺牲自己的事业而痛斥科举,不顾自己的性命而向专制势力挑战。刘瑾虽然利用受宦官秘密控制的锦衣卫把他逮捕下狱,利用灭绝人性的廷杖把他狠打数十大板,并利用各种违背常理的法术把他贬谪到贵州一带,但他在《龙场答生问》一文中,仍清清楚楚地分辨出妾妇之道与大臣之道在实际政治中的不同。前者是嫁鸡随鸡、嫁狗随狗的态度,不管君王格调如何昧着良心侍奉到底;后者则是根据君臣以义合的原则,不合则谏,则去。对于当政者总保有一种批判的态度,因为这种态度一丧失了,当权派很容易就会变质为一个私欲横流的大集团。阳明这种不妥协的风骨和孟子所谓杀一独夫的气魄,真是先后大哲若合符节。

有了这一层了解,我在王学中找到了一种极富动力的人生哲学,就是他根本不重视外在的事功,他拒绝把"百死千难"中悟得的"内在真理"笔之于书(因为他不相信没有实行的空谈),尤其反对装着一副圣人模样而到处干谇己谇人的勾当。阳明宁愿抛弃一切虚伪的荣耀,而去做一个真实的人。

几则感叹

一个现代的中国知识分子要想做一个"真实的人"的确不很容易:无论是社会风气的腐蚀,政治权势的局限,或经济结构的迫压,都会使一个本来胸怀大志的读书人,慢慢地物化成一具毫无灵性但却塞满了酸气的躯壳。程明道在《识仁篇》里借用医书里"麻木不仁"的观念来解说这种现象。阳明又把明道的意思加以引申。如果用他的见解来分析现代中国知识分子的大悲剧,那么最严重的表征即是失去了作为一个真实的人必须具备的"感性"。知识分子应该是一群代表人性光辉的社会良心。他们应有极敏锐的触觉和极高远的见识:应和人类全体保持精神的交通,和社会大众保持紧密的接触,和自己所属的群体保持血肉的关连。只有如此,现代中国的知识分子在台湾才不致陷入这样的窘境:在岛内是投靠现实权势的特权阶级,在海外是依附国际资本的买办阶级。

但是,知识分子一旦自弃了读书人应有的感性,那么不仅阳明以天地万物为一体的大人之学变成虚脱,就连颜元所说的转世精神也变成空谈了。一个为世风所转、为金钱所迷的人,常会做出一些损人不利己的事;一个拥有大量知识而毫无感性的读书人,难免不参与助桀为虐的勾当。

我以前常想,为什么现代中国许多提倡民主科学的自由人士总要打击传统,摧残儒学?现在我才了解,他们所打击的并不是中华民族的精神命脉赖以维系的"滴骨血",他们所摧残的也不是中国文化的内在价值借以厘定的"真认同"。他们抗议的对象是利用传统的专制政体和利用儒家的专制思想。可惜他们未能洞悉我

迈进"自由之门"的儒家:伯克利十年(1971—1981)

国传统文化中的内在动源,尤其是儒家大流中有如阳明所代表的抗议精神,因此把一切批判性的价值取向都归功于欧美世界,而把自家丰富的遗产抛诸九霄云外。可是当他们心一横地把儒家规约为御用思想、贬斥为吃人礼教之后,中国文化竟变成了一套封建社会的奢侈品,随着迷信和玄谈的阴魂而消散了。结果,一个现代中国的知识分子,必须先否定了自己的"中国性"才有资格谈现代,谈知识。这是多么凄凉的景象!难怪现代中国的自由人士一个个遭受到认同破裂的命运,乖离了民族意识,拔脱了社会根源,变成了一群散离的高级华人:或为社会的名流,或为政坛的客卿,或为文化界的骚人墨客。固然,他们在宣扬民主科学方面留下了珍贵的记忆,可是在现代中国知识分子的奋斗史中,这些记忆还只是一些尚待实现的梦境。

阳明立志做"人"的精神抉择,是任何一个想为中国构建民主、开创科学的知识分子不能不深切体认的道理。人的"身心之学"是引导文化发展的大指标、大动源。累积性的知识是愈新愈有价值,"身心之学"则是愈深愈有价值。这种深入性的学问,不但是现代人心灵交通的基础,也是通向精神世界、展示历史智慧的泉源。

我们万万不能因为现实环境中的某种不满,而抛弃了自家的无尽宝藏。从纯学术的立场来纪念王阳明固然有极庄严的意识,如果我们能从《大学问》或《传习录》中体会到真实存在的人生价值,并从身心之学处发扬真儒的抗议精神,那么纪念阳明的意义就更深长了。

1972年5月10日于伯克利

(原载《中国时报》人间副刊,1972年5月26日)

唐君毅的悲愿

一

最近读到香港新亚书院唐君毅教授的两篇文章:《海外中华儿女应为创造 21 世纪之人的中国而发心、努力》(《天声》双月刊,日本大阪,1971 年 3 月)及《谈中国现代社会政治文化思想的方向与海外中国知识分子对当前时代之态度》(《明报月刊》,香港,1972 年 6 月),使我想起唐先生九年前在香港《祖国周刊》所发表的《中华民族之花果飘零》一文及七年前为答复十多篇回响文章又为该刊撰写的《花果飘零与灵根再植》一文。这四篇感人肺腑的文字,虽然相隔几达十年,竟好像是一气呵成的宣言。他呼吁海外中华的青年学子共同奋起,形成一种社会文化上回流反哺的运动,以促成大陆中国人民之"人"的觉醒。他说:"此一工作,是海外3000万中华儿女共有的责任。积以10年、20年、30年的努力，必然可以旋乾转坤，而使中国在21世纪，成为人的文化之中国，而世界人士之共同努力，则可使21世纪成为一真正的人的世纪。此世纪中之政治经济将不是19世纪以来之帝国主义，狭义的民族主义，资本主义与共产主义之政治经济，而是为成就人的文化之政治经济，亦即人文主义之政治经济。此当是我们一切生于20世纪的人，为未来世纪应抱的理想，应尽的责任。"

二

唐先生是当代中国人文思想的大师。他的立论虽不是根据对现存局势的分析，却是立基于以儒学为骨干的悲愿。我不知道我们这一代究竟能否使中国逐渐步入一种不但与孔孟理想不相违背，而且直承宋明"身心之学"的人文社会主义。但我确信，向唐先生所指出的目标去奋斗，对中国及世界人文思想的发展都会有极大的贡献。举个明显的例子，十多年来在东欧掀起了一股"马克思人文主义"的巨浪，直接对苏俄所代表的大斯拉夫主义提出严重的批判。这股力量和最近在西欧及美国产生的种种抗议运动，如新左翼、妇女解放及少数民族有一共同点，即是坚信人的存在具有真实而完整的价值。也就是说，他们都反对利用经济力量、政治权势和社会控制来割裂人的完整性,反对以肤色、性别、阶级、背景来消解人的真实性。

这种从"自觉人之所以为人"处立论的精神,和中国儒家以立人极为基础的仁学确有不谋而合的地方。但是,正如唐先生所说,首先我们"应该自觉到自己是历史意义的中国人,而以之为自己生命的本质"。否则,牵强附会地宣扬世界思潮,不免把自己抽离为一缕国际游魂。

当然,我们应该超越狭义的民族主义,但是我们必须牢记:在文化生命上做个"仰不愧于天,俯不怍于人"的中国人,才是由具体存在通向普遍价值的康庄大道:"若问中国在哪里?就在诸位的生命里。我们每一个人,皆有资格代表中国,毫无惭愧。要说认同,即要先认同于自己个人心中之中华民族,与中国文化生命。"

三

我第一次见到唐先生是在台北近郊,淡水河畔的竹林,当时我还是建国中学的高中生。犹记得在那次聚会中,我不但向唐先生讨教了有关《中庸》里"鬼神之为德其盛矣乎"一句的解释,并曾请他在我新购的《心物与人生》一书上签名留念。1956年8月25日是我求学的历程中一个值得回味的日子。

过去五年虽然旅居美国,向唐先生请益的机缘却大为增加:在伊里诺伊州的香槟(1966)、京都的人文科学研究所(1967)、纽约的哥伦比亚大学(1970)、意大利的舸木湖(1970)、香港的新亚书院(1971)、夏威夷的东西中心(1972),或是短短的三五天,或是六七周,都留下了难忘的记忆。然而印象最深的还是1968年夏季。唐先生因参加第五届"东西哲学家会议",顺便在夏威夷大学哲学系的暑期班讲授宋明儒学。我荣幸地聆听了五个星期的课,获得了许多启示。

四

今年6月下旬我应邀在艾思本山庄的人文研究中心访游了半个月,和来自印度、德国、日本、英国、加拿大等地的知识分子交谈之后,益觉唐先生所关切的问题,如"中国文化之精神价值"、"人生之体验"以及"人文精神之重建",不但对当代中国思想发展的方向有导引的作用,而且对人类将来自觉自救的努力也有深刻的意义。

自从1962年古巴危机以来,美国因为越南战争、学生运动、都会暴乱、经济失调、种族冲突、毒品蔓延等一连串相互影响的因素,已逐渐失去了立国以来的精神动源。今天美国所面临的不仅是政治和社会结构的危机,而且是道德或宗教价值的危机。为了应付这些史无前例的困难,许多美国的知识分子都承认单从制度改革已嫌不足,必须从基本信念处转化,从心髓入微处用力才是治本的途径。固然,儒家的"身心之学"在现阶段还只是学术界里少数有识之士的研究课题,但是我相信,随着当代美国思想界新兴的人文思潮,儒学将来在新大陆必有一番盛况。其实,真儒的价值不应从效验处衡断,正如唐先生所说:"天行健,君子以自强不息。地势坤,君子以厚德载物。云雷屯,君子以经纶。经纶于雷雨之动中,即人生之所息。吾人以此心存此志,则皇极已立于吾当下之心中透过吾此心以显。则此雷雨之动之世界,亦即皇极之理想人文世界正向之而立之世界,又岂远乎哉。直下承担,见诸行事,是待善学者。"

1972年7月26日于伯克利

(原载《中国时报》人间副刊,1972年8月30日)

根源性的抉择

初次聆听德沃夏克(Dvorak, 1841—1904)的第七交响乐已是好多年前的事了,当时只觉得它起伏动荡,层出不穷,像是狂风暴雨来临前冲向岩岸的巨浪。可是"新世界"交响乐的声名究竟太大了,尤其是"念故乡"那段反复旋回的主题,更是家喻户晓的曲子。于是一提起德沃夏克,就会联想到他运用美国民间小调的结晶品,他的第七交响乐虽曾引起我的共鸣,但总还是隔着几重公案的外在经验。

今年2月2日星期五,在旧金山歌剧院欣赏由德国音乐家韩士·西米(Hans Schmidt-Isserstedt)客串指挥的演奏时,我深深地感到德沃夏克的第七交响乐实在有一种不可抗拒的吸引力:整个乐曲的结构固然表现出一股排山倒海的气势,但其中或如袅袅的垂杨,或似深山的瀑布,刚才万念俱灭,转瞬间又是百感交集,在此起彼落的乐句中,也刻画出许多微妙的心境。它所象征的不是突

迈进"自由之门"的儒家：伯克利十年（1971—1981）

然爆发的感情，不是一朝之忿，而是无数心湖的漪澜所荡漾而成的精神乐章。演奏刚完，我即随着成千的听众起立鼓掌，但是直到指挥家第三次谢幕，全场灯光放明后，我才突然惊醒，发现自己竟汗流浃背、热泪满眶地呆立在人群之中。

德沃夏克在撰写第七交响乐时，捷克艺术正走向"日耳曼化"（Germanization）的途径。作为一个国民音乐家，他决定挺身而出，为苦难的祖国鸣冤。但音乐是世界语言，要想借助超种界的艺术来传递信息，他不得不和国际间最富创发性的人才交通，也不得不常来往于国际间文化水准较高的城市。音乐评论家韩立克（Eduard Hanlick）劝他放弃民族主义而采取一种以四海为家的开通路线。组织庞大的奥地利集团，也为他安排了许多演奏会，并建议他洗脱掉带着浓厚地方色彩的"捷克性"。连大音乐家勃拉姆斯（Brahms）也要求他离开捷克首府布拉格，而定居在当时西乐的中心——维也纳。他们都认为德沃夏克的才华在国外才真能发扬光大。

凡是对艺术有敏感性的人物，面临这些难得的机缘不免会心动的。德沃夏克也不例外。但是通过内在生命中无数的交战之后，他选择了自己的根源性——放弃了国际的荣耀而去耕耘父母之邦的泥土。因此他的音乐里充满了捷克的人情味，好像每一只曲调、每一个音符都是捷克民族心灵的震荡。基于他不甘愿做一个国际游魂的存在决定,他的精神方向和他自己祖国的血脉终于连成一体,结果他到哪里,捷克的艺术灵魂也就伸展到哪里。1885年德沃夏克的第七交响乐在伦敦首次演出,当时就大放异彩——经过长期深入自己根源的凿掘工夫,他已穿透狭隘的地方主义,尝到了通向四海的泉水,因而他的音乐涵蕴着一种超越时空的感通力。

德沃夏克确是一位脚力大、志趣高的人物,对一个"抛却自家无尽藏,沿门托钵效贫儿"的异乡客,他的第七交响乐实有当头棒喝的威力。然而,如果当时的布拉格比维也纳更日耳曼化,当时留居祖国的捷克人不但媚外而且卑视自己的根源性,那么德沃夏克又能栖身何处呢?

1973年2月11日,伯克利

(原载《中国时报》人间副刊)

与日哲西谷启治一夕谈

1969年7月25日在夏威夷东西中心附近一家日式的酒店,和日本当代哲人西谷启治先生相对论学,从晚上10时许谈到子夜后两点半钟,直到打烊前片刻才慢步离去。那是我第一次和日本京都传统的哲学祭酒对话,也是我参加第五届东西哲学家讨论会最珍贵的收获之一。次年秋季,西谷先生应邀来美讲学,暂居宾夕法尼亚州的费城,离普林斯顿不远。我曾两度乘火车去天普(Temple)大学聆听他的"研讨会"(Seminar),他也趁假日之便来普大在舍间小住数日。通过他的介绍,我认识了日本旅美禅师佐佐木承周。此外,在纽约和康桥也有两三度同游美术馆的经验。1971年腊月,我趁前往澳洲开会之便,特别到京都去访问他,可惜事先没有联络好,适逢他讲学东京,没有见面。两年来我虽读到他在《东方佛学》(*The Eastern Buddhist*)学报上讨论"空观"的文字,也从他的门生源了圆处听到有关他的消息,但总找不到直接请益的机缘。上个月从德国海德堡友人处转来西谷先生短简一封,寥寥数行,对大家未能通消息颇有"残念"之意,引起我一些感触。

西谷启治是日本近代哲学界大宗师西田几多郎的及门弟子,受禅学及德国存在主义的影响极深,有"日本海德格尔"的雅称。他的巨著《何谓宗教?》已有英译本问世,对生命之学中内在体验的问题有极微妙的探索。西谷虽然已届古稀之年,但精神健旺,目光中带着邃思的智慧。他很少动笔,就连《何谓宗教?》也好像是口授后由弟子笔录成书的。据说他有时苦吟终日方得三五句。犹忆两年前西谷先生曾借我一本他自己主编的论文集《禅的本质与人之真理》,内中所收多半是讨论禅与世界其他宗教传统之关系的哲学作品。因为许多成名的日本学者都有等身的著作,而且常常一年之内就出书数册,所以我以前总有日本学人倾向"速成"的印象,于是我打趣地问他编印该书前后共花了几个月。经他思索再三,慢慢地叙述原委后,我才晓得这本论文集是由京都一群教授在西谷先生领导的"研讨会"中通过八年以上的相互切磋才逐渐写成功的。其中所收每一篇论文,都是经由正式宣读、集体讨论、逐段修改等阶段才发表的,都是名副其实的数易稿。当然,我们仍可以说其中的论断,譬如有关禅与道家一文,尚有商榷的余地,但这种合作的精神与庄重的态度是值得钦佩的。这使我想起日本汉学界的"会读"制度。听说最长的会读,也就是同年级几位志趣相

迈进"自由之门"的儒家:伯克利十年(1971—1981)

投的朋友定期聚会标点解读中国古书,有达四五十年之久的。

在夏威夷初次见到西谷先生的时候,站在我旁边的一位朋友半开玩笑地说,没想到这位鼎鼎大名的日本哲学家看起来竟好像是奈良郊区的农夫。现在回想起来,西谷先生激励我最深刻的地方也确是他的泥土气息。固然,他游学德国,对西方的哲学、宗教和艺术都有精辟的论断。耶鲁大学一位希腊哲学的专家就曾亲口对我说,西谷是他所接触到的东西哲人中最有玄思的一位。加上他德文和英文的造诣,西谷毫无疑问地是国际学坛的领袖人物。正像美国禅学家迪马廷若(Richard DeMartino)所说,西谷逍遥于欧美哲学之中时都有"如归"的感觉。但是,他的精神动源和日本的民族生命有忧戚相关的联系,他的哲学方向(也就是他由禅慧自悟的工夫途径),是从他自己所在的时空交会点处层层逼入的,因此他能透显一种原初的智性之光。我想,在当今熙熙攘攘的学术市场中,很难能找到这样的光辉了。也许,只有像他这样在"泥土"里生根的灵魂才确有通向普通真理的睿智。

记得那天深夜在日本酒吧对话的时候,因为语言的隔阂(我用英语较方便,日文会话甚难,德语则一窍不通;西谷先生说他的德文最熟练,英语较生涩,中文会话则困难重重),于是用了许多笔谈的办法。我提到熊十力先生以大海众沤比喻体用关系的思想途径,他向我介绍西田几多郎先生"绝对自相矛盾之统一"的哲学模式。临别前他以玄觉大师证道歌中"三千世界海中沤,一切圣贤如电拂"二语见赠。在为期五周的东西哲学家大会将要结束的时候,西谷先生和京都传统另一位哲人阿部正雄,很恳切地邀我为《东方佛学》撰文。这种不耻下问的精神使我惊愧交集。西谷及其前辈师友如铃木大拙等以京都大学及大谷大学为中心的日本哲人,使禅学不但挺立于战后的日本思想论坛,而且大盛于今日的欧美知识世界,岂是偶然?!

我自己对文化社会的一些观感虽然不自禅悦得来,对西谷这种风格实有由衷的叹服。

1973年4月8日,伯克利

(原载《中国时报》人间副刊,1973年5月9日)

追扑富强的影子

从纽约直达孟买不过是十七八小时的事。然而高度资本化的美国和经济尚未起飞的印度,不但代表两种截然不同的社会结构,而且指出两条大相径庭的思想路线。究竟谁真能显现人类的新希望呢?自从五四时代提倡西化以来,中国的知识分子早已作了明确的抉择:印度所象征的是必将为现代化过程所唾弃的落伍传统!美国固然处处暴露资本社会的丑恶,但不失为趋向富强大国的指标。因此,印度虽近在咫尺,而且是我国大乘佛教的发源地,在倾慕西化的现代知识分子心中,它的存在价值是有限的。譬如杜威的实用主义在欧洲和日本好像都没有发生什么特殊的影响,在中国却会大放异彩;泰戈尔的体道诗章,在科学主义高唱入云的20年代哪能引起什么共鸣呢?

胡适之先生在讨论中国哲学思想史时,对我国文化思想的"印度化",也就是对大乘佛教在隋唐时代位居精神领导的历史事实表示惋惜。从理性主义的立场来观察,印度的"玄想"虽然可以把人类的心灵提升到较高远、深刻的境界,但是中国人本有的实用智慧却被转移到毫无社会价值的宗教礼赞上去了。结果,禅宗的兴起被解释为中国佛教徒凭借道家遗产向印度传来各宗派宣战的革命运动,是理性压倒玄思的重大史实。难怪胡先生和铃木大拙在《东西哲学》报的辩论是大象和鲸鱼之争,完全没有"共同的基础"(common ground)。

印度和中国都有成群结队的留美学生。同是来自亚洲大国,但炎黄子孙和吠檀多的后裔最多只是相安无事而已。一发生争执,少则怒目相视,甚至大打出手——不论价值取向或生活形态,中印青年真好像毫无相通之处。1962年西藏边境的军事冲突以后,这些既有的裂痕似乎更加深了不少。

我常想,为什么同是东方文化的子民,连相互了解的意愿都没有,亲切感更不必谈了。记得1970年12月参加在南印故都马德拉斯举行的哲学研讨会的时候,我曾向许多印度哲学家表示:中印学术界毫无联系的窘境是当代亚洲思想论坛的悲剧。但是,这两年来我自己竟找不到向国人报道印度之行的机缘。一提到印度就会面临一些不自然的反应。有些平时宣传自由思想或开放心灵的饱学之士,也会突然变成偏激蔽塞的顽固分子——把当代印度在文学、音乐、舞蹈、思想种种方面的辉煌成就一笔勾销,用些"全年总生产量"与"平均国民所得"等统计数字,斥印度为不屑一顾的落后地区。他们对印度多元文化的特征完全不闻不问,却武断地判定凡是用手吃饭的民族就太贫穷、太原始了。这使我想起十年前初到康桥读书时,一位美国老师曾以颇带同情的口吻对我说,中国在现阶段还是太困苦,不得不用竹制的筷子进食,等到经济正式"起飞"之后,总有享用刀叉的一天。

如果反躬自问,我们很容易就会发现,对印度人的疏离甚至歧视,多半建筑在浮浅的富强决定论上。我常听朋友说,中国人虽没有欧美先进那么神气,若与印度人相较就会显得绰绰然而有余裕了。这种心态即使在知识分子群中也相当普遍。揭穿了,很简单:金钱(富)势力(强)是决定一个人或一个民族是否有尊严有价值的基本条件。凡是贫弱的个体或集团,都是受屈辱、被取笑的对象。在物质文明高升的社会里,想做个有骨气、有性格的穷人好像比登天还难。因此,个人的身份要靠拥有财富的多寡来衡量,国家的地位也要靠军火和资源的数量来决定。超级大国要不断试爆才能加入"原子集团",富商大贾也要不断发财方能享用"百万俱乐部"的权利,于是聪明才智之士都立下了赚钱的"大志"。为公为私,只有通向富强才是安身立命的坦途。

然而,富强的代价极高,有时即使像浮士德一样甘愿出卖灵魂,也未必能捕捉到富强的影子。美国1970年的"全国总产值"

就已高达 9765 亿美元,同年在国防消费方面用去 802.95 亿美元——仅从这两项庞大的数字来观察,美国,正如阿拉巴马州的华勒士(Wallace)州长所称,确是世界上最"富强"的国家。但近年来,美国各大学绝大多数的优秀青年,也就是智能兼备的荣誉学生,不仅对美国的"富强"不引以自豪,而且认为"富强"是美国人的精神累赘。这种意识形态的产生,当然基于错综复杂的社会背景和历史因缘。从同情的立场来评断,不论起因如何,美国大学生自我批判的态度,的确象征着美国当代青年中的才俊之士已毅然从"唯利"和"唯力"主义的平面存在逐渐地向宗教哲学的价值领域里深入。许多印度的民间信仰和传统音乐,也许是因为这个转机才在美国大行其道的。

人不能仅靠面包和手枪而生存。除了经济和政治条件以外,我们不能不要求知识摄取、艺术表现和宗教信仰等权利。因为没有知识基础、艺术兴趣和宗教价值的经济和政治存在,就像追扑富强影子的"浮士德",终会导致丧失性灵的悲剧下场!

1973 年 7 月,伯克利

(原载《中国时报》人间副刊,1973 年 8 月 14 日)

了解自己的发掘工作

德尔菲(Delphi)是雅典北部的一个小镇,据说居民只有数百户。但是,凡对古希腊有兴趣的人都会知道这个坐落在青山之中,面临科林斯海湾的"佳境"不仅是今日欧美人士极向往的游览名胜,而且是西方文明发源期中最受礼赞的圣地。在这里,雅典、斯巴达以及无数小国的领袖都曾祈求过"预言"(oracles)的导引;在这里,曾存放过许多希腊文化世界中最珍贵的宝物;在这里,也曾举行过一些西方历史上最早的国际政治集会(Amphictionia)。的确,在世界史上,德尔菲——阿波罗(Apollo)天神的栖居地,占了永不可磨灭的一页。

自从罗马帝国兴起之后,德尔菲的宗教意义逐渐消失了。公元4世纪初期,康斯坦丁大帝从德尔菲盗窃了不少精品去"美化"新罗马,到了信基督教的君王开始残害"异端"的时代,德尔菲的命运就更为悲惨:只剩下一批家破人亡的流民而已。再加上地震、

了解自己的发掘工作

暴雨、塌土等灾难,经过千百年天怒人怨的遭遇,到了 19 世纪,德尔菲早已不是个名胜——连古迹的遗址也找不到了。从荷马的诗章及古代史家的记载(如希罗多德的史书),德尔菲的清泉曾滋润了多少英雄豪杰的精神生命。然而它的脉动竟停息了将近两千年之久。

19 世纪以来,法国、英国和德国的考古学家接二连三地共同来发掘这片神秘的天地。他们的动机不仅是为了纯学术性的好奇,也是想要进一步地去探索西方文化的根源,俾便提高欧洲人士的"历史意识"。因此,虽然经过不计其数的失败经验,"浪费"了许多财力和精力,他们仍再接再厉不断地进行着探索的工作。果然,在 1892 年,法国学者荷莫莱(Theophiel Homolle)所领导的考古学院,在法国政府的资助之下,终于找到了这个消失千余年的遗址。他们的发掘工作进行到 1903 年才告完成。于是,好几个世纪未见天日的希腊古迹,竟在考古从业员的努力之下重新活现于世人之中,再度受到各地知音者的礼赞。如果我们是一批功利主义的信徒,一定会问,何必自苦如此?考古总不能和增加全国总生产量之类可以直接由数字来计算的成绩较量一下短期的功效吧!

其实,现代社会的发展是一个多元的综合过程,凡是只注重科学技术以谋求经济成长的单元模式,必定会堕入失调的窘境。就以希腊为例,近年来观光事业已成为该国争取外汇的最大宗,这岂

迈进"自由之门"的儒家：伯克利十年（1971—1981）

是19世纪希腊政府鼓励考古学所能逆料的？如果古希腊的文明故迹都被摧毁了，这个地中海的半岛也许只能靠阳光和沙滩来炫耀世界，那和美国佛罗里达州的迈阿密又有什么显著的不同？一个没有历史文化的风景区，绝不能引发礼赞和幽思的情怀。吸收游客也许只有经济的价值，但是因为凝聚深厚的历史陈迹，而使其"有朋自远方来"则是一种不能量计的文化价值，非财富所能换取，亦非强权所能攫夺。

今晨从古剧场的遗址漫步走向阿波罗的圣殿，置身于大理石柱和精巧刻文之中，不禁引发许多思绪：为什么成群结队来自英、德、意诸国的"游客"要来到这片颓垣偏处的废墟，在地中海的烈日下流汗喘息；而且，他们不仅毫无倦容，还兴致勃勃地嗟叹不已？尤其是年逾古稀的长者，拖着沉重的步履，一阶一阶地欣赏着，留情凝神于一瓦一石，好像生怕忽视了什么惊人的大手笔一般。难道他们完全不能领会一杯清茶、一支好烟，陶醉于武侠小说的清福？或许人不只是经济或政治性的社会动物，同时也是历史和文化性的精神实体。他不但有生存的要求，也有向往艺术感受和宗教体验的意愿。其实，人类探索种姓根源的动力，有时比保存家庭或事业更要强烈。从这个层面来观察，文化和历史意识并不是温饱之后才能兼顾的荣辱问题，而是界定一个人乃至一个社会之存在性格的指标。没有文化和历史意识的个人或民族，即使拥有一辈子享用不尽的财富，仍不免是缺乏灵性的产物。

近百年来我国因为饱受屈辱,聪明才智之士多半以"富强"为终极的关切,宁愿牺牲固有文化以换取在国际中生存的权利。吴稚晖先生要把线装书抛到茅厕里三十年,以把全部精力用在鼓吹物质文明的决定,正是象征五四以来我国知识分子的精神趋向。然而,富强并不是单线地积累财力所能企及的。即使全国上下都知道科学技术对经济发展有举足轻重的影响力,如果"社会支援系统",包括各种类型的知识训练与价值抉择,并不能达到相当"深沉"的整合程度,那么,科学技术对经济发展的贡献,常会被其导致的社会失调等副作用而抵消了,有时甚至弄到得不偿失的地步。现代社会的复杂性,是不能用简单的因果关系来了解的。想要采取捷径的如意算盘,最多只是短暂的权宜之计,虽然能够得到一时的效验,对长期筹划而言,总不免衍生许多毫无裨益的后果。

人性的需求是多方面的,社会的发展总要靠各层面之间的协调,融和并进。试想,如果一个教育制度仅能培养出一批毫无文化和历史意识的科技人才,他们既对国家民族没有真切的认同感(真认同和不经批判地接受权威是大相径庭的),又如何能超越自己的有限存在,为一较大的群体而进行适应现代化的工作?实际上,我们常会碰到一些在事业知识方面有超乎国际水准的成就,而在文化和历史方面尚不能摆脱武侠小说(指意识形态而非指个人兴趣)的科技人才,这确是令人忧心如焚的现象。

  今天的希腊已和公元前的雅典世界毫无关涉了,但德尔菲的遗址仍能引起无数西方人士的关注。我们自觉是汉唐盛世的后裔,怎能不进一步地去发掘故国的遗产,整理故国的文物呢?!德尔菲的"天神启示"中曾称许苏格拉底为当时第一智者,使我想起西方哲学之父曾有"了解你自己"(Know thyself)的格言传世。要想了解我们自己,我们不能只去追扑富强的影子。相反地,我们应当从发掘自家无尽宝藏的创建工作中去拓展一条继往开来的康庄大道。我们的"富强"必须建筑在和平康乐的文化意识和存亡继绝的历史意识上。

1973 年,德尔菲
(原载《中国时报》人间副刊)

反省的证道者

——为纪念马塞尔而作

前天在飞往芝加哥的旅途中,偶然看到法国当代宗教哲学大师马塞尔(Cabriel Marcel)在10月8日逝世的短讯,心里立即泛起阵阵悲戚,同时也引发了不少感想。虽然开会甚忙,暂时把内心的思绪推向脑后,但总觉有好些话非要倾吐出来不可。等到提笔行文之际,却又感到不知说什么好了。马塞尔以83岁高龄寿终正寝,本来,不能算是学坛的悲剧,但对我个人而言,实在是一种不可补偿的大损失。

我第一次见到马塞尔是1968年,在维也纳参加第十四届世界国际大会的时候。当时马塞尔以法国哲学导师之尊发表公开演说。本来他准备好的稿子是用法文撰写的,临时应观众的要求改用德语宣读,通过英文翻译,微言大义必定减损了不少。但我在兴奋之余,仍有聆听大哲一席话胜读几年书的感觉。马塞尔虽早逾

迈进"自由之门"的儒家:伯克利十年(1971—1981)

古稀之年,但精力充沛,声音宏大,举动亦极自然,从炯炯的目光中射出智慧的光芒,表现出一种道术精湛的学人风范。我自从1962年留学美国以来,在西方学术界所接触到的有识之士总有数十人,其中不乏有见地、有思想的学坛领袖,但像马塞尔这种有宗教体验,有艺术修养,并且有哲学睿智的"真人"却没有亲炙过,因而他的光和热竟像一阵雷轰电闪痛击下来,使我如木石般动弹不得。

近五十年来,我国内忧外患战乱频数,为了争取生存的基本条件,读书人不能不正视残酷的现实,把全部精力集中在政治统一、经济稳定等急不容缓的大目标上,学术界也因而被科学主义和实用主义所控制,造成一种只要求在社会中当下兑现的意识形态。于是在三千年未有的大时代,我国出现了不少在军事和政治方面能够激励人心的领袖,培养了许多在外交方面能够运筹决胜的豪杰;即使在科学技术和企业管理方面,也训练出一批超乎国际水准的专家。但是,在文学、哲学、宗教、历史等人文学术的领域中,这半世纪真是不堪回首:连最具创发性的心灵,也因受环境的驱迫而洗脱不掉酸腐的文人气息;等而下之者,不是缺乏真实生命的悠悠名士,就是依附权势的清客幕友,能够择善固执为文化事业作一番独立思考的知识分子并不多见。至于有历史意识,有社会良心,并且有文化展望的思想家,那就真是如凤毛麟角般稀有了。也许这是我对马塞尔所象征的人格特别向往的原因。

我曾读过一篇有关马塞尔的中文评介，对他在戏剧方面的造诣有所论述，但没有涉及他的哲学思想。我对马塞尔的文学简直是一窍不通，对他哲学的精奥处也没有什么登堂入室的体验，但却深受其人格，包括运思途径及思想模式的感召。在一般教科书中，马塞尔常被归类为当代欧洲大陆的存在主义思想家。因为他的哲学和无神论者如萨特，并不相似，所以他又常被界定为"宗教的存在主义者"（religious existentialist）。其实，马塞尔很不喜欢这个称号。他曾多次指出，他的思想和存在主义有显著的分别，即使加上"宗教"一词，也并不能理清他和萨特等哲人的歧异。于是他自称为"新苏格拉底者"（Neo-Socratic），并特别强调"反身而诚"的重要性。在《形上学日志》（*Metaphysical Journal*）一书中，他宣称没有内在经验的哲学构建实在是一种概念的游戏，并不能触及"终极的实体"（ultimate reality）。在《创造的诚信》（*Creative Fidelity*）一书中，他特别提出"掘井及泉"的方式是哲学的正途。他说哲学工作不是一种依照理智分析的蓝图而建成的观念系统，而是一种永无止息的"问难"（questioning），一种深入自我的"挖掘"（digging），因而哲学不是静态的、平面的建构，而是动态的、立体的探索，是不能自已的钻研，是一种自强不息的反省，一种不可须臾离的证道工夫。

马塞尔的运思途径虽与宋儒身心之学有相通之处，但他是基

迈进"自由之门"的儒家:伯克利十年(1971—1981)

督教的信徒,对超越真体的掌握实和儒家尽心知性知天的"逆觉体证"相去甚远;又因为他是天主教徒,对耶稣和教会都有虔诚的信念,他的思想模式不仅和东方宗教中的修心养性迥异,即使和蒂利希(Paul Tillich)的人文精神也不尽相同。然而,马塞尔对"反身而诚"的真切体认实代表极高的哲学智慧,并不因为他的神学或宗教的特殊立场而受到限制。正如布伯(Martin Buber)虽是站在犹太教中"哈西德传统"(Hasidic tradition)的立场发言,但他的信息,如人际间"我—汝关系"(I-Thou relation)的哲理,却有放诸四海皆为准的内涵。其实,马塞尔的精彩处,就在这种既能忠于自己价值传统的具体性,又能超越特殊文化而归向普遍真理的精神。

今年9月底我曾应邀到瑞士的苏黎士去参加了七天的思想讨论会。该会是由以德国海德堡为中心的世界象征学会所主办的,而马塞尔即是该学会的创始人及督导人之一。这次的讨论会共分两组,另一组是在9月上旬召开的。两组的会员大约各有30人左右,因此有许多小组或个别谈话的机会。我本来是排在9月上旬的那组,因为8月曾到艾思本人文研究中心开会,临时打长途电话要求改属第二组(这种非官方式的集会既无预定议程又无先发论文,专以思想对话为目的,所以有变卦的可能,否则半年前一切节日就都已成定案了)。到了苏黎士和主持该会的先生费希·般里克(Fischer-Barnicol)相谈之下,才发现马塞尔竟不顾八十毫耋以上的高龄,风尘仆仆地从法国赶去参加9月初旬的讨论会,并发表了几次动人的谈话。据说他精神健旺,开了七八小时的会之后还是不休不眠提出新问题,探索新方向。我因为自己的疏忽,竟失去了一次向马塞尔大师直接请益的机缘,心中甚不愉快。费希·般里克安慰我说,以马塞尔先生的精力,90岁也不会深居简出的,并且表示也许明春即可安排一个机会让我到法国和马塞尔尽情畅谈一番。没想到事隔不过一两周,马塞尔竟哲人其萎了。近几年来使我心悦诚服的西方哲人如蒂利希、布伯、雅斯贝尔斯和马利坦(J. Maritain)都相继谢世,马塞尔瞑目后只剩下海德格尔这位80多岁的老翁了。欧洲的思想界当前正是人才辈出的大时代,不怕后继无人,但是有马塞尔这种风骨的人总是踏破铁鞋也无觅处了。

1973年10月21日,芝加哥旅次
(原载《中国时报》人间副刊)

三万英尺高空的梦想

50年代的社会学家,像帕森斯,特别喜欢用整合的观念来刻画美国。纽约,世界各色人种群居的都会,的确给游客留下一些"大熔炉"的印象。甚至有人说,天主教、基督教和犹太教实在是代表美国必趋合一的"三教";黑白人种的冲突通过民权运动的演进,也逐渐会销声匿迹。

自从1964年伯克利大学"自由言论"运动以来,美国经济学者的乐观和自信逐渐地丧失了。美国社会制度突然显得问题重重。"整合"的意愿被"冲击"的模式所取代;"大熔炉"变成了争权夺利的大混乱。三教合一的观念,摆在精神生命急速世俗化的背景中,简直是与现实问题完全脱节的空谈。黑白人种的问题,因为其他少数民族(包括波多黎各、墨西哥、印第安及亚洲人)政治意识的飞跃,变得更尖锐、更棘手了。另外,加上学生、妇女以及大都市里贫穷人士接二连三的抗议行为,美国社会几年之间就从一个相安无事的大乐园沦为千疮百孔的破落户了!

越战也许是暴露美国弱点的重要条件。但是,除了实际军事行动以外,美国的经济结构、政治实质、社会组织以及宗教趋向,在最近都发生了根本的动摇——贫富不均、中央集权、吸毒犯罪和信仰丧失种种现象,使得美国的立国精神,如基本人权、个人尊严、私有财产、公平竞争、民主参与、选贤与能、奉公守法、信仰自由等价值,都被批判得体无完肤。美国必须重建,必须从根处转化,但几近二百年的老大共和又如何抛弃旧包袱,开拓新境界呢?这是当代美国有识之士不能不正视的大问题。

四小时前在旧金山登机升空之际,鸟瞰海湾区的景色,正逢阳春三月,到处是青山绿水。但只不过一小时的行程,到达内陆一带时,窗外却变成一片银色的荒山平野了。刚刚滑过科罗拉多像瑞士一般盖满了新雪的峭壁悬岩,现在已是接近底特律人烟稠密的工业区了。不过是乘观光号从台南到台北的时辰,已横渡了大半个美国——这确是人间不可多得的沃土,但是透过悲观的眼镜,这片美好的山河并不能掩盖既有整合已经破碎的形象!

我到密歇根的安娜堡,是去主持一项亚洲学会(号称世界上研究亚洲问题最大的永久学会,拥有 5000 以上的会员)。在今年年会中,讨论"美籍亚人在亚洲研究中的地位"一项公开集会的筹备会。这项集会的召开自然和亚洲人士在美国争取社会地位有

迈进"自由之门"的儒家：伯克利十年(1971—1981)

关，因而和美国少数民族的"夺权"运动以及近来一般受歧视的美国人士要求政治发言权的奋斗有关。一些极端派的领袖，很想利用这次机缘攻击学会中的"当权派"，甚至不惜采取脱离组织的措施另外创办一个纯属亚洲人的学会。由于政治立场、文化传统、社会背景的歧异，亚洲人（包括中国、日本、印度及东南亚各国移居美国的人士）究竟能否团结一致，这是很难预料的。不过我相信，以教授并研究亚洲文化社会为职责的亚洲移民（其中自然包括生长以及世居美国的人士），能够聚集一处，共同讨论他们"独特的经验"对美国的亚洲研究应扮演何种角色的大问题，就不仅对美国的学术界有所贡献，对美国近年来探索新认同的努力也应有导引的作用。

1962年初来美国时，发现在大学里对东方文化思想感兴趣的美籍亚人真是屈指可数。譬如华裔子弟，一旦脱离了中国城之后，他们的目标即集中在可以直接帮助将来在现实生活上立足的科系——如工程、医学、商业之类。攻读社会科学以及人文学的已甚少，对中国文史哲有特别关切的那就更是凤毛麟角了。这当然是环境压力和历史因素所造成的现象。我国最初移民美洲的华侨（以来自广东台山地区的同胞为主）多半属于劳苦大众。靠赤手空拳在美洲大陆东西岸都创建了多彩多姿的社团，这已是人类学中的奇迹了。华侨后裔因饱受当地人的歧视和排斥，一百年来只有在食堂及洗衣两种职业方面发展。能够就学，然后走入企业界去发展自己才华的人数实在比例不大。因此，一有机缘，他们就想进入美国社会的"主流"——即效法中产阶级的生活模式。这本来是人之常情。的确，60年代的华裔子弟，尤其是在长春藤学校攻读的优秀分子，根本不把自己当中国人看。他们的言行完全仿照美国中产家庭的习惯；他们生怕自己的美国性不够强烈，对从中国地区来美留学的研究生则毫无亲切之感。

最近五六年，随着少数民族争夺民权的声浪，美籍亚人的种族意识增强了，政治意识提高了，认同根源性的意愿也大大地加深了。这种"极端化"的倾向，使得他们对美国社会的价值结构采取了省察、批判甚至否定的态度。一些比较敏感的美籍亚人，不仅衣着发式独创一格，言行举止也尽量和美国中产家庭既有的精神方向背道而驰，他们所象征的，和黑人、波多黎各人、墨西哥人及印第安人相似，是一种"反文化"——对美国文化的主流而言，他们所提倡的是异端，是邪说。但他们并不只想另外开宗立教，自居为旁门左道而已；他们的目标是通过种族、政治及社会的新认同，开创一条思想和生活的新途径，然后从根本处转化美国中产社会的精神价值。这种努力自然带有强烈的破坏性，但假以时日，"反文化"必会刺激新观念，形成新思潮，并创建一些新价值。也许美国社会的实质并不是一个大熔炉，而是由各种不同的压力集团所逐渐凝成的结晶体。高压的反击，在这个层面上应当可以导致美国社会走向更稳健的整合。

其实，美籍亚人和美国境内的其他少数民族，在文化根源方面有根本不同的地方——他们不能忽视亚洲宗教、哲学、文艺、美术等历史传承的时代价值。他们的实力似乎不应只建筑在如其他少数民族一般，因被忽视而愤愤不平的情绪上。当然，受歧视的痛苦可以升华为政治抗议的大勇，但我仍觉美籍亚人的真使命，是把亚洲的新旧文明，通过有计划、有步骤的反击运动，带入美国学府，深入美国民心。如果美国的中小学生都有选读中文、日文的自由，一般美国群众对东亚史地都有和对英法史地相等的熟悉程度，那么，美籍亚人就可以像欧洲移民的后裔一样，变成塑造美国文化的英雄了。

在现阶段，这不过是一场空话而已。三万英尺高空的梦想也许永远不会在中国城里实现，但是每当我和华裔青年对话时，我总会深深地感到阵阵期待之情涌向心头：他们的前途是光明灿烂的！

（原载《中国时报》人间副刊，1974年4月12日）

玄谷与偶思

"玄谷"是美国科罗拉多州南部一个群山峥嵘的胜景。置身其中,目及山势的潜伏和层峦的脉运,突然想起石涛画谱中刻画山川及海涛两篇文章的共同意境。所谓"邃谷深崖",所谓"屼嶙突兀",所谓"岚气雾露"本来是描写山脉的,可是"玄谷"四周的层嶂却像洪流吞吐的大海。山不再是孤立寂静的峰岭,而是石涛笔下波澜壮阔的潮汐了。确实,这里的山有纵横交错的节奏,有风雨晦明的气象,也有疏密深远的排比,真像是变幻无穷的汪洋。王阳明诗中"山灵应秘惜,不许俗人看"的句子不觉脱口而出。为什么这个美国中西部的"自然环境"竟带来了许多毫不相干的联想?难道这是受文化熏习之后不能超化的"自缚"?

以前我总以为真正"荐灵"的山岳只有在中国大陆才能欣赏到:庐山的幽深、华岳的宏大、黄山的神奇以及泰山的雄浑,虽然并没有亲自游历的经验,但通过绘画、文字、图片、电影种种传真的方式,在心田里早就留下了深刻的印象——只有中国的名山才真能体现天地的形势。在欧洲曾欣赏过不少青葱秀丽的好山,尤其是瑞士的滑雪胜地,每一座倒映在碧湖里的白色峰顶,都曾带来阵阵清新的美感。但我总觉得如果不能一窥庐山的真面目,或是一登小天下的泰山,即使一步步地爬上阿尔卑斯的高峰,也等于没有真正领会到为形万状的"山之质"。

现在我知道,这实在是一种根深蒂固的错觉,一种狭隘的执著。如果我能放弃自己因受民族文化的影响而积累的私见,那么加州的"游神默谛"也许可以媲美华山,而黄石公园的风云也许比黄山更要神奇。其实,大瀑布的跃腾和大峡谷的倾覆所象征的山水精神,又哪里是笔墨可以形容的?

十多年来,在美国看到了许多气势磅礴的险峻奇峭,但像"玄谷"这样令人神往的景象,真是从来没有体验过。但是,当我独立在"玄谷"的"龙端"时,我不禁自言自语地说道,如果是中国的名山,也许眼前这块岩石上就会刻下"纵览云飞"四个大字。

1974年10月,伯克利

(原载《中国时报》人间副刊)

有关"传统包袱"的感言

经过了好几小时的辩论,我终于说服了几位在系里教美国史的同事:美国独立虽然还不到二百年,今天一般美国知识分子受传统包袱所"压迫"的程度也许远较号称拥有五千年文化的中国读书人为重。这个结论乍听起来好像是无稽之谈,如果仔细思考一番,实在是显而易见的现象。

美国独立于公元 1776 年,是世界上历史最悠久的共和国之一。美国现行的三权分立制,是国际间延续最长的近代政治体系之一。中国的帝王专政在 1911 年被推翻以后,经过列强瓜分、军阀割据、北伐、抗日等几大阶段,现行的政治体系最多只有二三十年的历史。因此,当代美国政治的传统包袱远较中国政治的传统包袱为重。

美国现行的经济结构固然和 19 世纪初期的私有企业和自由竞争的原则大不相同,但个人营利的动机以及以私有产业为基础

迈进"自由之门"的儒家：伯克利十年（1971—1981）

的公司组合，仍是美国的经济实质。我国自从变法维新以来，或而官督商办，或而国民资本，或而计划经济，到现在远没有摸索出一条融汇贯通的道路来。因此，当代美国经济的传统包袱远较中国经济传统包袱为重。

中国社会经历过李鸿章所称三千年来未有之大变以后，三代不衰的书香门第已经荡然无存，家庭的观念也已逐渐被集体意识所冲淡了。以老牌正宗为号召的行业，不论是富商大贾或小本经营，也已多半是毫无根据的附会。如果我们要追问，到底哪一种传统的社会组合现在还健存于中国，或许连有调查训练的专家也要费一番周章才能指点出来。美国呢？一百年以上的社团几乎每一个小城市都有。连新兴的宗教，像摩门，也有四代以上的传承。至于博物馆、美术馆、图书馆等文化事业，那就更是年代久远了。因此，今天美国社会的传统包袱也比中国要重得多。

然而，对照最尖锐的也许要算教育制度了。现在中国一般的大学，从所开设的课程到行政管理的方式，最多只有二三十年的历史。一座十多年的大专院校，也就够称颇具传统了。伯克利是美国"新兴"的公立大学，它的历史竟也有百年以上，在东部具有二百年以上历史的私立大学就好几家。哈佛是1636年以前创建的，比美国建国史还要长一百四十年。在中国现有的教育制度下，我们能想象自己走进一座自明朝"东林"、"复社"以来就健在的高深学府吗？至于学会、学报以及研究中心等与大专教育有关系的结构,中美异趣的情形那就更明显了。因此,和美国相比,中国根本没有教育的传统包袱可说。

从知识界方面来观察,在中国要想找到一份发行几十年的报纸就很不容易。出版 20 期以上的杂志已算难得。至于能维持十易寒暑而不受官方支援的刊物,那就更是凤毛麟角了。这种情形和美国小城小镇也能维持一两份好几代不中断甚至百年以上不倒闭的地方报纸的现象当然不能同日而语,更不必和闻名全球的新闻网,如《纽约时报》相比了。因此,今天美国的知识界也有当代中国读书人不能想象的传统包袱。

其实,正因为美国并没有数千年光辉灿烂的文化历史,朝野上下对可以显示美国历史的文物和遗址总特别加以爱护。凡是凭吊过盖德斯堡古迹的游客,都可以感受到把这样一个数千亩的地区保存为讲授南北战争史的大课堂要花费多少心血,奉献多少钱财!但是,毫无疑问地,置身其中,对林肯面临古战场发表"民治、民有、民享"演说时的神态,会有一种特别亲切的体验。这又哪里是一般风景名胜所能兴发的意味。

现代中国知识分子同心协力地花了几十年的努力,终于把传统的包袱抛弃了。今天,在我们的政治组织、经济结构和社会制度中已找不到什么传统的影子了;连学术界和知识界也表现出一种无"传"可承、无"统"可绪的风格。我们惟一无法超脱的只是旧社会的积习罢了!

深夜,当我漫步回家的时候,我想,多妙,美国才是传统社会,而我们早就把过去抛诸九霄云外了。譬如教美国史的同事,为了写一篇简短的学术论文竟要参考数十种论文专著,因为美国历史虽然不长,研究美国史的学术领域却很大,几乎每一个时间片断、每一位历史人物、每一件社会大事,都有百数种的描述、分析、解释和评论。这种热闹的情形,和我们踏破铁鞋也找不到几位唐史专家或汉史专家的冷清正好是一个鲜明的对照。也许我不应当和同事们讨论传统包袱的问题。

现在夜更深,心境更冷清了!

1974 年 10 月 31 日,多伦多

(原载《中国时报》人间副刊,1974 年 11 月 12 日)

神秘主义在美国

我们用理智来认识外在事物的能力永远赶不上在感情上想要进一层地去了解各种环境的欲求。这种理智和感情之间的鸿沟，是任何人都绝对无法弥补的。于是，稍有自知之明的人，总不免会发出"吾生也有涯，而知也无涯"的叹息。然而一个显而易见的道理，如果没有通过真切的体认，并不一定会自然而然地就进入我们的意识之中而成为指导我们思考和行动的原则。不仅是个人，即使是家庭、社会，甚至国家、民族，也可能因为受到习见的影响而忽视了人性中一些放诸四海皆为准的基本价值。

譬如，没有一个人可以自觉地选择自己的父母、性别、出生地和成长的模式。不论科学技术发展到什么程度，这个命题总是可以成立的。但是，有些迷信科学主义的"现代人"在宣扬试管婴儿的优生学时，好像竟完全忘记了他们自己来到这个世界的偶然性和神秘性。我们有太多的东西不知道了，又如何忍心以人类的无

迈进"自由之门"的儒家:伯克利十年(1971—1981)

知来决定21世纪人类的命运呢?

我并不相信宿命论,但我愈来愈觉察到自己生命中的未知数确有真实的意义。固然,劫数或命数的观念常被具有科学常识的现代人斥为无稽的迷信。我自己也从来不理会手相之类的玩艺。就连影响建筑和营造事业极大的风水之术,在我看来,也没有什么值得大书特书的地方。不过我对《易经》却有由衷的敬畏。美国海湾区的知识青年,常常用铜钱和蓍草来占卜,有些人甚至把每天得到的卦辞当做指导日常生活的准绳。在伯克利的电报街上摆摊子算命的人虽然还不多,但也已屡见不鲜了。

凡是常在美国大学城逛书店的人,都会发现近年来美国知识大众对神秘主义的兴趣有与日俱增的趋势。西藏的密教、印度的民间信仰、日本的禅宗以及其他各种类似的宗教思想,都已在美国的知识界大行其道。以印第安巫术为背景的《唐璜的门徒》(时报曾以"先读为快"方式披露过)能够变成在全美畅销的奇书,也许只不过是这种潮流的例证罢了。否则,另一本奇书《禅和机车保养》,绝不会被《新闻周刊》的编辑们选为本年度十大佳作之一。

表面上,美国的知识大众(不仅是喜欢标新立异的大学新生)开始对"非理性"的知识热衷起来是一种"失落"的症候,也就是对笛卡尔以来的理性传统已丧失了信心。很多分析学派的哲学从业人员,如澳洲的派世莫(Passmore)和哥伦比亚大学的但托(A.

Danto），就一再表示东方神秘思想和西方理性主义是不相容的。如果欧美的知识大众不顾科学的批判精神而逐渐沉湎在毫无实证可能的神秘经验之中，那么西方文化的柱石——"理性"就有折毁的可能。赫德逊思想的主持人康（H. Khan），甚至宣称古罗马的衰亡就和神秘主义有关，并呼吁美国朝野要对这些威胁美国基本价值的思潮提高警觉。就连英国史学大师汤因比，也针对这个问题提出种种忠告。

但是，神秘主义在美国知识界大行其道，并不是一种单纯的现象。举一个简单的例子：最近在美国东部引起一场风波的电影《大法师》（The Exorcist）对美国知识界的影响虽然不能和几年前《梁山伯与祝英台》风靡台湾知识界的情形相提并论，但"被除妖魔"这种在天主教里早就废止的旁门左道突然又活现银幕，唤起千万人的注目，并且导致一连串的学术辩论，使得教会也不能不采取诱导的决策，确是一件耐人寻味的趣事。至于经院派的天文学家决定在科学年会中公开讨论一些星相家的推测，传统心理学家甘愿接受瑜珈术的基本训练，以及其他类似的例子，更显示出神秘主义不但已经侵入知识界，而且在高深学府中已找到若干信徒了。

今天为一般美国大学生所推崇的书籍中，和神秘主义有关的作品所占的比例确是愈来愈大。要想找个对星相、练气、坐禅、服药、打太极拳和修瑜珈术毫无所悉的美国知识青年，已不容易。如

迈进"自由之门"的儒家:伯克利十年(1971—1981)

果想认得一个在大学里攻读四年而完全没有听过克里辛那慕谛(J. Krishnamurti)、华兹(Alan Watts)、宗喀巴(Chögyam Trungpa)或赫斯(Hermann Hesse)的美国青年,那就更难了。这已不是"嬉皮"(Hippie)和其他"反文化"(counter-culture)的特殊现象,而是在美国中上层社会里也显而易见的普遍现象了。

其实,我们不难想象,一个在物理界崭露头角的美国专业人才,白天用最精密最严格的科学方法处理他的实验,下班以后把全部精力放在毫无"实证"根据的星相学上。这种看起来好像不相容的知识途径,在美国社会里已逐渐变成两条并行不悖的道路了。以前科学主义的信徒总以为人类的进化是从宗教和哲学转向科学——在理性的科学时代,玄想的哲学和迷信的宗教最后都会销声匿迹的,因此理性绝不能和玄想或迷信之类经不起事实考验的心态并存于天壤之间。

还记得在"科玄论战"的时代,我国知识界一些泛科学主义者,竟把人生哲学也划归到因为不可证验所以毫无知识价值的玄学领域里。结果整个中国的儒学传统,尤其是宋明的心性之学,都因为不合"科学"而被曲解成过时的封建遗毒了。现在虽然距离科学主义弥漫中国学术界的20年代已有半个世纪之久,但迷信科学万能的"玄思"在社会上仍有极大的潜力。这也许是文学、艺术、哲学和宗教仍不能在台湾岛内知识界开花结果的主要原因之一。

固然,神秘主义并不能由一套简单的量化方式来证实,但内在经验是一种虽然尚不能清楚地被界定却是人人都能领会的真实感。如果我们因为现有的科技对这种类型的感受还不能加以解析就觉得它们是玄之又玄的迷信,那么不但禅宗的"顿悟",就连宋明大儒的"变化气质",也都会成为和现代文明不相契的历史陈迹了。然而,一个生在20世纪的科学从业员为什么一定不能同时接受严格的宗教训练并做一番修身的工夫呢?也许这正是神秘主义为什么在欧美知识界重新受到重视的部分理由。

前面已说到,人类求知的感情需要永远无法被其获知的理智能力所满足。因此,知识的领域愈扩展,求知的欲望就愈强烈;可以获取知识的力量愈大,想要掌握的知识领域就愈多——这是永远无法填补的空缺。在科学主义大盛的时代,这种心灵上的空缺曾促使许多有大志的青年献身于科技研究之中。只问耕耘不问收获,为知识而知识,根本不考虑其他的价值。譬如在肯尼迪担任美国总统时,政府当局决定登陆月球是实现美国太空理想的大目标,于是建立了一个"国家航空太空署"(National Aeronautics and Space Administration,简称NASA),集中联邦政府的科技力量,希望在1970年前达到嫦娥上月的新境界。而美国的科技人才竟在不到限期内就完成了肯尼迪所付托的使命,写下了人类科学史上

迈进"自由之门"的儒家:伯克利十年(1971—1981)

重要的一页。但是,正当美国国旗飘扬月球的时候,许多美国青年人却因为反对越战,反对军工复合体,并反对政治上的特权阶级,把美国国旗当众撕破、烧毁。科技可以把国威升高到月亮上去,但不能防止国内知识青年对国策丧失信心的现象,是近年来在美国有目共睹的悲剧。如果60年代上半期是美国一般人士相信科技万能的巅峰状态,那么60年代下半期就已是另一个新纪元的开端了。到现在为止,究竟这个新兴的观念,世界应如何称呼还是众说纷纭,并没有一定的术语。信奉星相的人说我们现在正进入黄道带十二宫的第十一宫,因此"艾扩律亚士"(Aquarius,黄道带第十一宫的图形,象征"提水者")就变成了鸡尾酒会里的谈助和流行歌曲的主题。社会学家则用"后工业社会"(Postindustrial society)或"后现代社会"(Postmodern society)等极绕口的名词来描述这个出现不久的"意识形态"。无论如何,泛科学主义者相信人类的技术进步可以永不休止的时代已经过去了。人类心灵的空虚并不能靠理智所获取的新知识来填补,这个事实已为多数学人,包括不少自然科学界的领袖们所接受。也许"艾扩律亚士"、"后工业社会"或"后现代社会"的最大特征就是人类从征服高山、征服海洋、征服太空等等向外追扑的心情,转回来采取一种认识自己,了解环境,并设法和自然界取得协调的态度。浮士德为了勇往直前,不惜牺牲自己灵魂的气魄,已转化为一种明哲保身的智慧

神秘主义在美国

了。在这个世界里,单线的科技进步也许会缓慢下来,但人类也不至于变成一群梦想控制宇宙的"罗勃"(robot,机器人),在不觉中沦为电钮和机关的奴隶了。

神秘主义并不足以显示当前美国知识界的价值趋向。其实,东方体验之学是不是可以称为神秘主义还是一个待考的大问题。局外人也许认为坐禅极为神秘,但身历其中的人很可能会觉得,这实在是和挑水砍柴一样既普遍又自然的经验。同样地,一个从来没有勤习瑜珈术的人也许会认为这套工夫非常玄妙,但真正修道有成的人很可能会提出完全不同的看法。在这里,我并不坚持东方体验之学必定是神秘主义的一种,只是想指出不通过一般的感官和理智,而由直觉、洞识、灵明以及其他非科学的方式所获得的"真理",在今天美国的知识界已受到专家学者的重视。以前西方的人文思想是和神秘主义大相径庭的;今后欧美新兴的人文主义,很可能会建立在宗教的体验上。一个真正的当代人不仅要具有运用理智思考的能力,而且也应当以开放的心灵来了解、来领会人性中极内在也极普遍的感情——一种景慕"最后真实"(ultimate reality)的玄妙之情。

1974 年 12 月 28 日于伯克利

(原载《中国时报》人间副刊,1975 年 1 月 25 日)

胸中的风暴

——自萨特访问记而想起的

《纽约书评》最近刊载了一篇萨特访问记,沉寂两年多的法国存在主义大师突然在我的心里激起了大风浪。如果不把积郁经旬的感想宣泄出来,杂思一定不能平息,也许连必须在月内寄交的英文特约稿也无法完成了。确实,自从1967年我开始在台湾的报章杂志撰写短文以来,用方块汉字倾诉胸中大苦,好像变成了一种心理治疗。难怪行文之中张皇造作之态比比皆是。要不是事后再三修改,在发表的文字中慌忙急躁的语句必然更多。朋友们常说我的英文论著太过理性化,而中文写作又缺乏条贯性。也许正因为英文论著的学究气太重,一用中文就欲罢不能地横冲直闯。假如像现在子夜后方动笔,也许又非等到通宵达旦才能止息了。为了把研究的成绩公诸于世,我必须勉强自己按照预定的计划大纲,在打字机上把英文稿整理出来。这份工作需要极大的自我迫压才能顺利完成。但是，为了内心的平静，我又必须抽空借助方块汉字"用我手写我口"。这不是工作而是享受——然而享受应有限度，因此，我尽量磨炼自己如何适可而止。于是，该写的总觉写得不够，而不该写的又嫌发表得太多了。这是我自己在写作经验中所碰到的难题。

在儒家传统中，写作只求辞达而已，因此少写甚至不写都无伤大雅，因为人生最吃紧的关头是人格的陶冶。变化气质比著书立说要重大多了：如果积养不厚非但不能盈科而进，恐怕连发言的资格都不应该有。因此，刚毅木讷是深厚的表征，而巧言令色根本是肤浅浮夸的病态。这类看法对我写作的态度一直有着极大的影响。这也许是为什么每当我提笔抒怀时，即使全身都感到痛快，内心深处却多少仍有一丝不安的缘故。

萨特是名副其实的作家。写作不仅是他几十年来从未间断的活动，而且是他存在的理由。已届古稀的萨特虽然在3岁就眇失右目，但凭一只眼他阅读了千万种书刊，撰写了数十本自出机杼的论著。他的写作时间——早晨9时半到午后1时半和下午5时许到晚上9点钟——每天约八小时，几十年没有间断过。他的哲学专著像《存在与虚无》，固然一气呵成，没有什么修饰的地方，但是他的文学作品，像《厌恶》，至少是六七次易稿。他说哲学专论是说理的文字，必须直陈，就连笛卡尔"我思故我在"一语，虽然见解

迈进"自由之门"的儒家：伯克利十年（1971—1981）

深刻却也是达辞，完全没有模棱两可之处；文学的造句就大不相同了，一个作家为了顾及意境、声调、含意等效果，不得不左思右想仔细推敲一番。所以，萨特的哲学手稿都整洁清楚很少更动，而文学初稿乃至定稿，都满是修改的痕迹。

不幸，两年来萨特患了对作家，特别是他这种文笔隽永的作家最残酷的疾病，他的左眼也因充血过多而失明了。现在他只能粗略地感觉到事物的轮廓，完全丧失了读书和写作的能力。然而，根据康达（Michel Contat，访问萨特的法国作家）的报道，他不但没有愤怒自怜的表现，而且勇敢地接受了命运的挑战，准备用耳朵来教育自己，并用唇舌来传达心声：他的终身伴侣西蒙·德·波伏瓦（Simone de Beauvoir，当代法国最杰出的女作家，《第二性》的作者）每天念新书和报刊给他听，同时他正在接洽利用一系列的电视节目来发表他对法国文化和社会的意见。

然而萨特的遭遇确实太悲惨了。他说看书应当是一种不受牵制的浏览，有时短短几行要徘徊嗟叹很长的时间才觉得精彩，有时厚厚一大本随手翻翻就可以了然，而现在这些都不可能了，尤其是自己不能亲自逛书店拣新鲜的看个痛快，更觉难堪。说到写作那就愈发辛苦了。康达建议用录音机口述初稿然后再反复修改。萨特答应试试，但接着又说这和自己动笔相差太远了。以前用手写，边想边写，一行两行之后或者一段两段之后，停下来逐字修改润色,可以三番五次地斧正。如果靠录音机,有了时间的限制,这种功力完全用不上了。他而且强调,"讲"和"写"根本是两种不同的表达方式,写可以精益求精,层层逼入,讲最多只能获取一时的效果。

写作对萨特而言是一种神圣的事业,写的本身(固然包含一切凝聚于文字的智慧、洞识和体验)即是一种精诚的存在过程。通过一笔一画的文字修养,他最内在也最珍贵的心灵脉动,或缓或急地展示出来了!反观我自己近年来的"写作",也真是太草率、太鲁莽了。几个月前我曾到东亚一游,在九龙、台北和东京街头看了不少当代中国青年作家的文章,也多半是一挥而就的急就章。想起萨特曾拒绝接受诺贝尔文学奖,因为在他眼里独立行文的作家根本不必靠外在的荣誉和报酬来提高自己的身价,有了一字千金的大手笔,何处不是发言的场所?

1975 年 8 月 1 日于伯克利

(原载《中国时报》人间副刊)

下 篇
旅美短评

美国大学教育的认同危机

美国学术界目前正进行着一项广泛而深入的反省工作:从"何谓教育"等哲学课题到"如何平衡收支"等经济问题,都在检讨和改善之中。这种全盘性的反省工作,一方面是受经济因素的影响,使得每间大学都必须摸索出一条较长远的生存之道,另一方面则是由于知识界面临价值危机的考验已接近紧要的关头,知识分子不得不跳出象牙塔直接参与广大的社会群体。前者将迫使许多教育机构走向关门大吉的命运;后者将导致教育革命,把许多根深蒂固的"学者"形象一一摧毁。

根据卡耐基有关美国大学的报导,50及60年代是美国高等教育的黄金时代。由于苏联人造卫星的刺激以及就学青年人数骤增种种因素,全国上下,不论是联邦政府或地方贤达,都把"研究和发展"当做最重要、最迫切的大目标,于是每年以千百万计的经费都注入高等教育。当时几乎每一所大学都在扩张,有的在短短

迈进"自由之门"的儒家：伯克利十年（1971—1981）

三五年之中就扩展两三倍之多。加州大学的成长计划变成人类有史以来规模最宏大的教育蓝图，所拟经费以百万为单元尚显不足。连两三百年来都在小心翼翼的心态下逐渐发展的"长春藤联盟"如哈佛、耶鲁和普林斯顿等校，也不甘落伍地大兴土木。其实，全美约1500所大学几乎都参加了这项争取经费、提高声誉的竞赛。当然，许多崭新的大学也应运而生。据说从1955到1965年的十年之间，美国大学竟增加了500多所，平均每周都有新开设的大专院校，结果培养大学师资的研究院也如雨后春笋般地生长起来。1962年我来美国留学的时候，正是美国大学教育最兴隆的阶段，我对美国"学术市场"的观察和批判也是针对当时的情形而发的。

加州大学以前的校长克尔曾打趣地说，在某一特定的时空之中，伯克利的名教授至少有一半在天上——或因开会、或因演说正从甲地飞往乙地。他的原意是想夸耀一下伯克利教授的"动力"，但这也反映出当时美国学术界因经费充足而具有的弹性。我还记得在1965年选读社会宗教学的时候，哈佛社会学家帕森斯常利用周末横跨美洲大陆到西岸去讲学。有位法国教授甚至每星期往返巴黎和纽约之间，在大西洋两岸同时开课并利用飞行的时间写书。这种在其他国家不易发生的事情，在60年代的美国确是屡见不鲜。至于运用重金争聘名学者，甚至把一系、一院连人才及设备一起从东搬到西的怪现象，如伯克利"袭击"芝加哥大学物理系的策略,以及德州大学挖柏克利早已成为美国学坛的普通常识了。

究竟过去十年全美上下支援高等教育有没有什么显著的成果呢？也许再过一代这个问题才能找到较正确的答案,不过就从目前的情况来检讨,大学教育近年来的研究和发展,对美国经济、政治、社会和文化诸层面不但有巨大的贡献,而且起了决定性的影响:除了登陆月球之类显而易见的科技成绩之外,最有长期意义的人文现象也许要算美国大学的民主化了。(据称,今天美国正在就学的大学生就已超出 900 万,占同龄青年总数的 1/3 以上。)有了那么多具备大学教育资格的人才,全国文化水准、社会关切和政治意识都会被提高,被加强。这种从多元教育的制度中所培养出来的公民,也许并不整齐划一,但他们对工业发展、大众传播、政治组织、社会结构及价值取向各种领域,都应有举足轻重的影响力。

可是好景不常,1968 年以来,学生的抗议运动,包括游行示威、罢考罢课及占领校区等行为,竟从西部的伯克利到东部的哥伦比亚横扫美国大陆,连中部素来循规蹈矩的肯塔基州立大学(Kent State),也因为抗议政府轰炸柬埔寨而发生伤亡的事件。学运在中国现代史上曾写下辉煌的一页。凡是稍具历史意识的人士,都不会忘记大学生在五四和抗日等爱国青年大团结的时候,曾一而再再而三地发扬了知识分子以全国大利为职责的优良传统。所以,在中国的学生运动,从抨击外戚宦官的汉末太学到事事关心的

迈进"自由之门"的儒家：伯克利十年(1971—1981)

东林，都象征着知识良心的高峰。美国的大学则根本缺乏政治抗议的传统。读书的目标不外乎谋求高薪职业，提高社会地位，或延长发育阶段而已。校园以外的事，在没有离开象牙塔之前是不必过问的。因此，1960年以前的美国大学生花费在橄榄球、图书馆、汽车和胡闹上的时间和精力远比在"家事、国事、天下事"上要多，为了家国和天下大事而组成集体行动的例子绝无仅有。因此，在1962年古巴危机发生的时候，长春藤联盟的大学生，像美国其他居民一样，只好呆坐在电视机前静待美苏两国的原子冲突。有些较敏感的外地新生，恐怕苏联攻击的目标因计算偏差而从华府或纽约误落康桥，竟决定暂时休学保身。但是，古巴危机提高了美国大学生的政治意识，他们突然发现校区并不是世外桃源，而是和现实世界不可分割的一环。60年代以前的美国大学生，只有到南方参加民权运动的少数先进才有实际的政治经验。古巴危机把冷战直接带入宿舍后，政坛的风雨和教室的读书声开始一同侵入耳际，书生再也不能对政事不闻不问了。

1963年肯尼迪被杀以后，约翰逊政府因自大无知而陷入越战的深渊之中。美国的大学生在电视新闻和报章杂志上目睹无辜百姓被伤害、无数良田被焚毁的镜头。加上当局者以反共产保民主为借口的宣传，又逐段逐条地被所谓激进知识分子所驳斥。于是，由密歇根大学发起的"强教"(teach-in)，仿效民权运动的"强坐"

(sit-in),就如火如荼地遍布全国。等到大学生不能免役的训令发布之后,直接受到征召威胁的大学生就从"强教"的斯文抗议演变成占领行政大楼,乃至用枪用刀的武装械斗了。1964年伯克利的学生首先发起了"自由言论"运动,也就是争取在校区内公开发表政治演说的权利。到1968年哥伦比亚的大暴乱,四年之间,美国的大学生不但对政权结构,即所谓"军工复合体"(Military-industrial Complex),失去了基本的信赖,而且对位居要津的学者也大起反感。因为他们发现参加肯尼迪及约翰逊政府的高级顾问,多半是名大学的名教授。但这些学术界的专家,对权位的贪求似乎比军工界的外行还要厉害。一个毫无知识良心的学者为了自己的现实利益,上者可以贩卖专长为政权势力作参谋,等而下之者甚至不惜牺牲道德原则,运用欺骗伎俩以取得官方的信任。于是在许多年轻人的眼里,学术界的领袖已从追求真理的知识之士沦为越战的帮凶了!

其实,美国的大学,尤其是拥有数万学生的高深学府,是一个极复杂的组合。如果没有经过详尽的分析,很难得到一个整合的印象(这个问题非本文所能涉及)。然而,正因为大学不是单纯的组合,只要其中某个单元发生大变化,整个制度就有瓦解的危险。学生自然是大学结构中最重要的单元之一(虽然在许多名大学的预算中,学费收入尚不及全年支出总额的30—40%,其他经费则

迈进"自由之门"的儒家：伯克利十年（1971—1981）

来自联邦政府、基金会和校友捐赠等方式），因此当学生因反对政府而反对一切既存制度，尤其是直接影响切身利害的教育制度时，大学结构就面临着生死存亡的大考验。不幸的是，学生的暴动激怒了社会人士，他们把年轻人对现实不满的反应归罪到教育制度本身的不健全，甚至责怪校长无能和教授失职。自从1968年全国学运以来，大学校长被董事会撤职或被学生轰走的总有几十位，自愿洗手不干的也许更多。在这种内忧外患的局面下的美国大学，从东岸的哈佛到面临太平洋的伯克利，都发生了极严重的财经问题。

　　前面已提到，美国大学是一个相当复杂的组合。其中有关财经问题，更是非专家不能了解的难题。如果提出一些有关大学每年收支的数字，局外人一定会大吃一惊。因为有些大学定期的经常费用简直比一个拥有数百万人民的国家的全年总预算还要多些。譬如最近加州大学校长向州政府提出的1975年度预算，即高达5.882亿美元。这还只是向州政府要求的数字，联邦政府及其他来源并不计算在内。这项预算比1974年度的实际花费要高出7700万美元。固然，加州大学共有8个校区，和其他州立大学不同，但就伯克利一处而言，其全年预算也超出了1亿美元。因此，美国大学，从某一个角度来观察，实是一座规模庞大的金融机构。没有州政府支援的私立大学，如普林斯顿，就要靠校友捐赠、学费、基金会、联邦政府的研究合同及资产的增值等来源的支援。单是教授年薪一项,就要支出将近千万美元,而普林斯顿大学的全部学生(包括研究员在内)也许只有4000多人。美国大学的费用确是惊人。据说,耶鲁的学杂费每年要高到4000多美元。这也是为什么美国的大学校长多半不是德高望重的学术长者而是精力充沛的经理人才的缘故。过去三年,美国大学因为经费不足而倒闭的竟有60多所,连哥伦比亚这种历史悠久的知名大学,在两年前也濒临破产。

美国大学的财经问题,实是由于许多历史和社会因素聚合而成的。60年代是美国高等教育的黄金时代。前面已提到,为了应付大学生人数的急剧增加,十年之内美国添设了500所新大学。现在因为战后出生率上升而增多的人口已过了在学的年龄,于是大学生增加的弧线逐渐地拉平了,等到80年代,也许上大学的实际人数还会减少,因此不但不必添设新大学,连现有的大学也必须考虑紧缩的措施。美国大专教育的领袖人物,因习惯而养成的发展心理,要想在短期内改变方向实在不是一件容易的事。但是,如果不继续发展,现有的研究和教学会不会走入僵化的死巷?如果要保持新血液的继续输入,既存的科系是否必须重新转化?这些都是亟待解决的问题。

然而,美国大学今天所面临的最严重的考验还不是财经问题。

迈进"自由之门"的儒家：伯克利十年（1971—1981）

经费不足可以迫使许多私立的小型大学关门，但并不会影响到整个高等教育的生存。但是，如果"大学教育究竟为了什么"这个基本的哲学问题得不到合情合理的答案，那么整个大专教育都会面临崩溃的危险。

今天美国的青年可以不上大学而获得比受过高等教育的人还优厚的待遇，可以到电子计算机及其他训练班学到大学里无法获取的专业技术，也可以通过各种校外的途径而领受到比任何大学课程还要更完备的特殊知识。大学毕业，除了一纸文凭外究竟代表多少实质的教育意义？美国大学一向不重视人格教育，对实现自我的精神教育也从来没有加强。如果大学只是传授一般常识的园地，那么也许教育电视更能获得预期的效果。

最近两年，因为通货膨胀和普遍失业两大逆流同时袭击美国的经济制度，大学生的抗议精神和浪漫情调渐被现实的考虑所取代了：多半的新生都想进入医学、法律和工程三系，因为医生、律师和工程专家是今日美国社会比较容易谋生的职业。但是，美国这个复杂的社会，部分失调的现象是很容易发生的。七八年前物理人才的巅峰状态就是一个很好的警钟。当时的物理学博士是学校、政府、工业三方面争取的对象，但是如果当时一个大学新生因就业"市场"的关系而选择了物理，那么正当他撰写博士论文的时候，他就会发现自己的前途竟已好像被人储藏起来的剩余物质。

（一位物理界的权威最近半开玩笑地说，以前因为苏联放了一枚人造卫星，美国的物理学受到联邦政府的支援，一转眼就变成了大学里最吃香的科系，曾几何时，今天理论物理的空缺竟像发射到太空的人造卫星一样稀少。）很多人相信，只要美国社会的基本架构不改变，医、法、工是一定不会没落的。但谁又能保证美国社会的基本架构一定不变呢？如果大专教育只是为了培养一些可以靠专长吃饭的谋生者，那么80%以上的科系都要关门大吉了。那么，大学教育究竟为了什么呢？这确是一个值得深思的问题。

如果1955年到1965年是美国大学的发展时期，1965年到1975年当是美国大学的转向时期，1976年将是美国独立二百周年纪念，也许美国的知识分子应当为将来十年的高等教育指出一个新境界。苏联的人造卫星刺激了美国的科技研究，越南战争在美国掀起了一股人文精神的浪潮。不管美国大学的未来如何，对科技的人文化这一问题必然成为知识分子所关注的重头课题。

1974年9月于伯克利
（原载《大学杂志》）

美国的分离与整合

50和60年代,许多欧美的社会学家都认为,现代化过程是一个统一化的过程。由于科学技术的发展,地球的体积虽然没有变化,但在一般人的意识中,世界确是愈来愈小了。

如果从台北的西边步行到新店,也许要花费好几小时,但是乘坐波音式座机,几十分钟就可以纵贯台湾全岛了。最近美国超音速军用机只花了1小时40分钟就横跨大西洋抵达英伦。这还只是正式公开的数字(尚在试飞的记录可能更高)。如果英法合作的或苏联制造的超音座机正式飞行,那么,从东京到旧金山不过是5个多小时的航程。因此,以前认为是远在天边的陌生地,现在忽而变成了近在咫尺的邻居。以前梦想不到的情形,如每周横渡美洲大陆两次,分别在华盛顿和旧金山两地任职,现在虽然仍不是司空见惯的事,但至少也不再是奇闻了。听说有位法律教授曾每周来往巴黎和纽约之间担任两家大学的讲座。

交通进步带来冲击

其实,航空旅行只是国际交通的一种方式,越洋电话和由卫星转播的消息,更使得一般知识界人士的闻见之知在分秒之间就大为增进。在新闻封锁不严的国家,一般知识大众真可以足不出户而知天下大事了。以美国为例,所谓的"电视奇观",就曾把慕尼黑的奥运会和登陆月球的实况,直接传真到千百万家庭之中,连尼克松的访问中国大陆,包括啜茅台、用筷子等细节,也直接从北京播放出来。至于水门事件,把议员们审问白宫高级官员的详情,通宵达旦地从华盛顿转呈于全美国人民眼前,那就不仅是交通而且是批判了。

这些还是一般人士所知道的常识,其他利用卫星、U2飞机、电子器材等方式搜集情报以达到知己知彼的秘密"交通",那就更神速、更精密了。一位太空人曾感叹地说,地球看起来就好像是大洋中的一叶扁舟,人类全体都应是同舟共济的旅客。

世界正在紧缩中

除了科学技术之外,从都市化、企业化、制度化等现象更可以看出，现代化的过程正把国界和人种界逐渐地消除掉。纽约客和东京客所面临的问题，好像是大同小异。可口可乐的经理，可以常和三洋公司的负责人交换生意经。在五角大厦工作的行政人员，也许和外务省的高等秘书负相似的职责——日本和美国虽然隔了几千里的重洋，但因为现代化的程度相当高，因而有许多可以直接交通的地方。其他正在成长的社会达到了同等的经济繁荣，也必会产生类似的现象。

根据这个看法，世界的"紧缩"是现代化的必然结果，而这股不可抗拒的力量，必会导致全球一体化过程的加速。就是目前影响极大的意识形态，也一定免不了遭到"过时"的命运。有些学者甚至把越战和阿以之争，也解释为因现代化过程的等级和层次不同而引起的冲突。于是美国人认为，美国必将成为世界人种的大熔炉，西欧共同市场可能使自从罗马帝国瓦解后就无法恢复的统一局面重新实现，日本的经济成长是维护亚洲安全的最佳保障。

所谓熔炉原是幻觉

经过 60 年代末期全球性的学生抗议运动，以及各种类型的"反文化"，到了 70 年代，所谓现代化过程终必导致全球统一化的命题，已被大多数社会学家所放弃。一群批判在 50 及 60 年代领导美国的社会思潮——结构与功能学派——的知识分子指出,用"现代化"一词取代"西化"的原意,确实代表了学术界的开放心胸,即把归功于西方文化的许多现代潮流摆在全球性的背景中来观察。可是在实际分析问题时,如以经济成长来标示现代化的程度,许多社会学者几乎把美国现状当做现代化的绝对指标,犯了比"西化"学者更严重的错误。这种以偏概全的办法很容易引起一种错觉,即认为愈像美国的社会就愈现代化,结果连"西化"这个狭隘观念中所具有的多样性也被抽离了。譬如,德国著名学者德伦道夫(第一位被聘为伦敦经济学院院长的"外国"教授)研究社会中阶级冲突的巨著,在60年代初已有英译本问世。当时信奉结构与功能学派的教授一致认为,"阶级冲突"是共产社会的观念,完全不能适用于已达整合阶级的美国。但是现在事隔十年,许多美国社会学导论的课程,都把德伦道夫的作品列为主要参考资料之一。这是一个相当重要的转变。

大众要求分离认同

促使美国社会学者把注意力从"整合"转向"分离"的力量极多,其中最具影响力的也许要算民权运动了。最近三年,美国知识界在报章杂志上,几乎每个月都有关于所谓少数民族争取基本民

迈进"自由之门"的儒家：伯克利十年(1971—1981)

权的消息。有些学者甚至宣称，在 70 年代的社会思潮中，以环绕"种族性"(ethnicity)观念的言论最为壮观。不仅是黑人，就连波多黎各人、墨西哥人、印第安人以及亚洲人，都在美国东西两岸声讨"大熔炉"的偏见，并提出一套新认同的观点。他们坚持，美国社会在过去二百多年来皆以高加索人种的欧洲新教伦理为价值标准，对其他人种毫无一视同仁的雅量。因此，美国大众的富裕是建筑在少数民族的痛苦上。这种打破美国既有的整合而要求建立"分离认同"的力量，并不是要摧毁美国联邦制，而是要使号称多元文化的美国变成一个名副其实的民主共和国。但是，在达到理想之前，冲突、斗争甚至流血都很可能发生。

随着少数民族的民权运动的如火如荼，在美国又展开了妇女的解放运动。这项争取妇女职业平等的运动，从长远的视野来观察，对美国整个社会的结构当有决定性的影响力。如果二三十年后在美国社会的职业集团中，如教授、律师、医生、新闻从业人员、建筑师以及其他各行的专家的社群中，妇女的比率升高到 40% 或 50%，那么既有的传统，如家庭，必会全面革新，婚姻制度也必会彻底改变。目前，美国人口的增长率已达到"零"的阶段，加上新式避孕法的方便与普及，同居而不结婚的生活方式会更流行，将来可能要取代婚姻制度。

青年不再信任权威

由于越战的影响,年轻人(尤其是知识青年)对美国的"既得利益组织"(establishment),不论是政治权势或是企业实力,,都抱着不信任的态度。加上"水门事件"的刺激以及油荒的教训,大家更对政治和企业的黑暗面有了较深的认识。尼克松的垮台,显示了美国三权分立的基本精神还没有荡然无存,但是一个惟利是图的独夫,居然以极高票当选连任,而且可以在遭受全国舆论唾弃之后苦撑数月,这不能不是值得长太息的大事。年轻人对国家的领导阶层采取了抗衡的立场之后,许多聪明才智人士宁可修道逃禅,视"正当职业"为畏途。中上家庭的子弟甚至专靠父母的接济,变成一群游手好闲的"非学生"(non-student)。

自觉鄙陋返归自然

60年代初期的美国处处表现出自信和富强,今天的美国虽然仍是世界上资源最富、军势最强的大国,但在心理上已从惟我独尊的阔人,变成自觉是千疮百孔的破落贵族了。这个意识形态的大转变,一方面反映了美国政治和经济上的实质问题,另一方面也促使知识分子从最基本的文化和社会层面来反省美国的精神方向。美国受高等教育的人们已逐渐从愈大、愈多、愈快就愈好的心理，逐渐转向节省、自律和安步当车等类型的传统价值，并且对东方文化中尤其是印度思想里"反观内敛"的工夫发生浓厚的兴趣。近年来对环境卫生的注意，对生态学的研究，对自然界的保护，都和这种新思潮有关。

经济成长非无极限

1972年前，"罗马俱乐部"曾委托麻省理工学院的教授用电子计算机的方法研究世界资源分布、储蓄、开采、消耗等问题。经过各种复杂的推论，他们仅得出世界经济成长有限的结论，而且断言，如果全球各地的能源，再像目前美国一样地浪费，那么二十五年之后人类就会陷入大荒乱的情形。这项研究所采用的方法，虽然受到许多专家学者的批判，但是大家都承认它所提出的警告并非危言耸听，而是人类面临的大考验。美国的知识界于是提出经济刹车的论调。日本的经济学权威大来武次郎，也响应延缓经济成长的呼吁。可是经济成长率一降低，贫富不均的现象就要加剧。美国钞票贬值、通货膨胀及股票跌落的情形，已显示经济制度本身的毛病极多。如何接受保护环境的原则而达到生产适度增长的目标,确是一大难题。最近,因为阿拉伯集团利用石油作为政治交易的手段,造成世界油荒的大危机。如何坚持环境卫生而又能大量采煤掘油,更是不易解决的悬案。

竞相采取调解方式

这些生存的大问题,迫使美国的知识领袖逐渐放弃了"科学万能"和"技术至上"的信念,并大大地修改了达尔文"适者生存"、"竞争"、"进化"的价值观念,开始对少数民族、妇女及青年采取调解的方式。福特出任总统以后,最常使用的字眼都和调解有关。他认为美国的各种矛盾,不能让它再尖锐化,因为尖锐化带来的冲突,很可能导致更严重的分离。所以,必须用"护伤"的办法,将经济、政治、社会、思想各方面的斗争逐步医治,以期达到新整合的境地。福特究竟能否如愿以偿?现在不得而知,但是如果他的见识或能力不够,美国的前途一定更加黯淡。

美国的知识分子(现在正接受大专教育的青年就已超出900万,占同龄人数的1/3以上,如以大学程度为知识分子的准则,人数当在数千万)虽然大都意识到国际间相互关连的重要性,但是因为社会内部各种棘手的紧要问题,一般政客很容易以国家利益为借口,宣扬一种新的"孤立主义"。福特虽仍会重用基辛

迈进"自由之门"的儒家:伯克利十年(1971—1981)

格,但他的注意力已集中在国内的经济,他对于尼克松政府所构建的国际"均势"当然不会放弃,但是一个以密歇根球员发迹,花了几十年在众议院当和事佬的人物,也许对国际大势没有什么创见。

科技的限度

1974年10月中旬,欧美两地同时举行了两项规模宏大的国际会议。

在德国柏林召开的集会以"人类社会的公平发展"为题,是由"罗马俱乐部"所主持的,重点集中在讨论美国教授米亚若·麦萨罗维克(Milajlo Mesarovic)和德国教授爱都亚·比斯塔(Eduard Pestal)合写的报告。

倡导有机发展

麦萨罗维克及比斯塔的报告,是针对"罗马俱乐部"在1972年所公布的《成长的限度》(*The Limits to Growth*)一书而发。根据《成长的限度》一书的推测,如果世界各地的工业发展和人口增殖再不取得全面性的新协调,一个世纪之内,人类社群就会因为资源枯竭而遭受到完全崩溃的命运。因此，欧美各国应当立即转变"进步、繁荣、发展"的方针，把注意力放在如何保存能源，如何节制生育，如何爱护环境种种问题上。有些敏感的学者专家甚至提出如何使全球的经济制度达到绝对平衡，也就是完全不增加人口生殖率、不加速工业成长的计划。

"麦一比"的新研究则呼吁一种计划周详的"有机发展"(organic development)，要世界各地区都参加协调发展的工作。他们还建议工业进步国家每年拿出2500亿美元来帮助贫穷地区达到经济自足的目标。如同《成长的限度》所采取的方法，"麦一比"报告也是利用电脑分析，把各种相互依存的因素经过详尽的关连，才得出了上述的结论。但是，代表38国参加柏林会议的150名学人，对"麦一比"报告还是提出了许多异议。有些第三世界的代表指出，在这项报告中，对政治结构和社会实质诸问题只作了一些避重就轻的探索。他们认为，经济发展不能脱离政治和社会的因素，要对国际大势发言，不能不正视欧美地区以军政势力垄断市场，压迫贫穷国家的问题。

出现择存现象

在费城的集会，是"富兰克林学会"(Franklin Institute)为纪念该组织成立一百五十周年而召开的科学大会。洁·费罗斯特（Jay Forrester，麻省理工学院工商管理系）在大会中宣称，最近的将来，全球各地都会发生"择存"（triage）的现象。"择存"本来是军用术语，意即选择在战争中生存希望较高的伤患战士优先加以医护的治疗，因为在设备不周全的情况下，其他病患者就只好令其待毙了。费氏的意思是，最近的将来，世界各地都会因粮荒和瘟疫种种情形而导致严重的死亡现象。由于科技的进步率已很有限，想要加增生产方式，在短期内彻底解决这些问题已不可能，因而只好用"择存"的权宜之计来应付人类的大悲剧。

费氏也曾利用电脑的方式对经济发展的局限作了许多广泛的研究。他的学生丹尼斯·麦道斯（Denis Moadows）即是根据他的理论而写成了《增长的极限》一书。

当然，费氏的悲观论调引起了许多学人的不满。这些专家甚至讥笑他是"世界末日"的布道员。赫德森研究所（Hudson Institute），纽约著名的"智库"（think tank），就对费氏的理论提出了许多责难。赫门·康（Herman Khan，赫德森思想槽的主持人）在艾思本人文中心的一次集会中宣称，如果美国真像罗马帝国一样的衰亡下去，其中一大原因就是这些"世界末日"的谬论被美国的知识大众信以为真了。但是，在费城的集会中，几十位国际知名的科学家从全球各地飞来探讨"科技的限度"，至少也象征着"科技万能"

的信念已被一些欧美知识界人士认为是过时的迷信了。

人文思想大行其道

"增长极限"和"科技限度"两观念的出现,反映当代欧美学人对西方文化中的"浮士德精神",也就是毫无极限、顾忌而向外追扑和拓展的价值倾向,已发生了根本的怀疑。人不再是个"控制自然"、"探险太空",乃至"征服宇宙"的天之骄子了——他必须正视自己的限度,逐渐达到"以天地万物为一体"的境界。这也许是近年来人文思想在美国又大行其道的缘故吧!

自从所谓"石油输出国组织"提高石油价格,引起了工业先进地区如西欧及美国的经济危机以来,欧美学人的悲观论,包括"西方没落"的老调,更加如野火般兴旺起来。

但是,如果美国和西欧的政治领袖竟利用这种心理而加强保护自己权益的孤立路线,并拒绝以粮食援助"第三世界",那么贫穷地带,如南亚,将会受到空前未有的大灾难。国际间的依存关系虽然越来越紧密,但世界上暂有的和平只是建筑在权势的均衡上。因为"成长"和"科技"的"限度",全球每年的总生产量和解决生存条件的新知识和新技术,都会逐渐达到饱和的状态。假使人口的数量继续不断增加,贫富不均的现象必会更加严重,目前的秩序一定不能继续维持,世界上暂有的和平也许要被长期性的武力斗争所取代。这些都是值得顾虑的大问题。

(原载《新闻天地》,1974年11月9日)

美国的知识分子

哥伦比亚大学社会学系的查里士·卡都逊（Charles Kadushin）教授，最近出版了一本分析美国"知识"（Intellectual）界的专著。

虽然根据学术研究的尺度来衡量，卡氏的方法和结论有许多值得商榷的地方。譬如他所采取的询问方式，就因受地域环境的影响而没法符合随意抽样的原则。至于他宣称只有经常在报章杂志上发表意见的人物才算"知识分子"的观点，更会引起许多争论。不过在近年来讨论美国知识界的论文和书籍中，卡氏的专著算是分量较重、影响较大的好书。

与专家学人不尽同

何谓"知识分子"？这是欧美学术界近年来常讨论的课题。

如果把一百多种研究美国知识界的专书按时间先后略加分类,就会发现80%以上是近十年出版的,50%以上则是最近五年才问世的新作,而且研讨这类题目的学术论文似有愈来愈多的趋势。加州大学圣特巴巴拉校区的克利(Robert Kelley)教授认为,这是近年来美国知识界人士社会地位上升,并且自觉责任重大的必然结果。

今天,在美国大学任职的教员人数已高达40万,加上自由作家、新闻从业人员、神学家、剧作家,以及在基金会和研究机构服务的专家,所谓"学人"这一行当,有百万以上的成员。可是,知识分子和专家学人不尽相同。其实,自然科学界的教授,如物理学家、电脑专家、生化科技人才,90%以上都不能算知识分子,只有极少数不被某一科系所限隔而能"顾全大局"(包括具有洞悉科技专长和社会群体的关系等知识)的科学家,才配称为知识分子。同样地,一个精通莎士比亚的英国文学教授,并不一定即是知识分子。如果他已成为一个知识分子,那么他必能把自己的专长摆在较高或较大的文化背景中,以显示莎翁佳作和当代人类社会所面临诸大问题的关联性。这当然不是说,一个专研莎翁文学的知识分子一定得拿莎士比亚的剧本来解决美国当前的社会难题。如果我们把"关联性"(relevance)一概念局限在过分狭隘的实用范畴里,那么文、史、哲的精义都会被丧失掉。但知识分子并不仅是专家学者,而且是对社会和政治负责任的学人,这一个基本原则是必须承认的。

发表意见的人物

卡都逊教授的专著所讨论的不是美国的专家学者,也不是美国的知识大众,而是在专家学者中影响知识大众最深的知识分子。因此,卡氏定其书名为《美国的知识精华》(The American Intellectual Elite)。

前面已提到,卡氏认为美国知识界的精华,是一批经常在美国第一流报章杂志上发表意见的人物。根据他在1970年所做的调查(其实真正到实地去访问的多半是他的研究助理),从1964年到1968年四年之间,在美国第一流的报章杂志上发表过意见的共有8000多人。在这8000多人中,卡氏及其助理共访问了110名影响最大的"作家"。这些作家发言的场所,从偏"左"的《纽约书评》(这本定期发行的周评和《纽约时报》的星期书评是两份各自独立的刊物),到偏"右"的《公众利益》,共有20余份报章杂志。卡氏的结论是:这批学人在最具影响力的刊物(不一定是销售量最大的刊物)上发言,他们的意见造成的舆论,形成了一种"意见的气候"(climate of opinion),并且影响到国家政策的方向——通过文字的力量,他们运用了智慧和见识,在美国的社会和政治中扮演了重要的角色。卡氏的结论并非无稽之谈。美国知识界对实际政治的影响确是与日俱增。自从罗斯福当政任用知识分子为智囊以来,这个潮流真有不可抵遏之势。肯尼迪重用哈佛教授以及近年来基辛格的飞黄腾达,都是明显的例证。

有资格的 200 名"作家"

在卡氏的眼里,约有 200 名"作家"(包括被访问的 110 人)可称为美国知识界的领袖。这批"领导知识分子"共有下列几种属性:他们一半以上住在纽约(其实,70% 以上的美国第一流杂志的编辑部都位于纽约市曼哈顿区中心 10 里半径之内);他们之中在学术界服务的有一半以上是属于哥伦比亚、哈佛(各占 16%)、耶鲁及纽约大学(各占 9%)四间大学。如果以人种和宗教来分,他们之中 50% 以上是犹太人,新教徒约占 1/3,天主教徒则极少。另外,这些知识领袖比较熟悉外交及国际问题,对国内大事,如经济不景气之类,则显得生疏。他们的政治立场是自由温和派;真正代表左翼的极端派和右翼的保守派,和他们的立场是格格不入的,连 60 年代的学生运动及反文化,好像也没有使他们改变既有的价值系统。他们自居为西方文化的保护者,因此对理性、严谨(尤指行文及推理的严谨）及训练（尤指对各种专业知识的掌握）特别重视。

知识分子的使命

芝加哥的社会学教授希尔斯曾表示：知识分子应具有敏感性和反省性，而且可以超出时空的限制，对人类负有文化和历史的责任。固然，知识分子应当和大众沟通，把特殊的知识传达给一般的社会人士，但是知识分子的作用不能只是形成舆论和发生影响。的确，知识分子的使命不仅在传达时代的信息，而且在创造新价值，开拓新境界。因此，真正的知识分子不能不本着良心来批判现实，为道德理性作见证。这层意义，虽然在东方人文思潮，尤其是孔学为主的儒家传统中甚为显豁，但在今天的美国知识界，则还只是方兴未艾。在卡都逊的书里，也仅是略略提到而已。不过"道德性"已是近年来美国知识界常谈的课题，将来在探讨美国知识分子的性格这一问题时，"人格修养"、"内在体验"等道德层面的价值，应当会占较重的分量。

（原载《新闻天地》，1974年12月21日）

东方思想在美国

有关东方文化的课程,虽然在美国东西两岸的著名大学中开设了几十年,但是,东方思想在美国的高深学府中,一直到目前还未受到应有的重视。

固然,最近因为一般知识大众对东方的宗教和哲学的兴趣愈来愈浓厚,为了符合学生的要求,学校行政当局不得不设法加强这方面的教授阵容,但东方思想的研究在美国,最多只能算是极有发展潜力的"训练"(discipline)而已。

其实,在美国的高深学府中设有东方语文学系的大学已相当多,因此,位居密歇根大学的亚洲学会,一个由美国学人发起的机构,经过二十多年的努力,已变成世界上研究东方文化组织最庞大的学术团体了。该学会的定期年会总有1500到2000名学人参加,其全体会员据称已超出5000人,所发行的《亚洲研究学报》也有7000以上的订户。这不过是一个明显的例证。其他像东方学会等规模不大的学术团体还有好几个。那么,为什么东方思想在美国的学术界还被忽视呢?

尚未能大行其道

美国大学中的科系非常重视前面所提到的"训练"一观念。所谓"训练",是指获取某种专长必须通过的知识途径。在自然科学方面,每一科系都有比较明确的范围,加上获取专长的知识途径比较容易规定,作为评断各种成绩的标准也有很高的客观性,因此"训练"的内涵相当清楚。人文学和社会学的情形就大不相同了。譬如历史、文学、人类学、社会学或政治学的"训练"就常引起争论。如果加上学派的分歧和学术立场的差异,争论的情形就更严重,甚至达到互相矛盾的程度。对东方文化比较能够容忍的科系,如历史系和政治系,正好是对"训练"一观念尚不知如何界定的科系。这也许并不是偶然的现象。对行内的"训练"较有确解的科系,像经济系则对东方文化(或任何以地区为对象的题目)毫无兴趣。哲学系的情形和经济系有相似之处。

"东方思想"在美国的学术界不能大行其道,和目前美国大学哲学系的"训练"有密切的关系。美国脱离大英帝国的控制而宣布独立虽然已有199年的历史,但是美国的哲学界好像还只是英国剑桥和牛津两校的附庸。今天美国哲学系的"训练",如果用一个名词来表示,即是"分析"。分析本来是任何学术研究不可或缺的基本工具,但是今天美国哲学系的分析变成了"分析哲学"(一种英国哲学的流派)所规定的"分析"。经过了这一规定,"分析"不仅不只是基本工具,而且成为极强硬的哲学立场,甚至变为迷信的教条了。这就好像"实事求是",本来是每一个科学家都应当采取的态度,但是在"科学主义"盛行的时代,这个基本的要求曾被信奉为放诸四海而皆准的大原则,而且被当做衡断天下一切学问的尺度,结果是凡不能被客观事实所证验的洞见,都被斥为不屑一顾的玄学,连历史学和心理学的知识也都受到了鄙视。

将来仍大有发展

分析哲学在美国哲学界当权已有 10 多年了。这个学派的最大贡献,是把美国的哲学界转化成一个尺度极严的职业团体。因此,凡是在美国立案的大学里任教的哲学教员,绝大多数都是经过科班分析训练的哲学博士,对逻辑、方法学、知识论都有极精细的了解。但是,"哲学"根据分析学派的方式而职业化以后,在大学任教的哲学从业员和一般讲授自然科学(如数学和物理)的教员已没有什么显著的分别了。这样的哲学家对社会人生不必有什么特殊的观察,对文化历史也不必有什么特殊的体验,和哲学为"爱智"的原义已相去甚远。"东方思想"被拒于美国哲学系的门外,也是可以想见的。

今天在美国大学哲学系专门讲授东方哲学的教授真是屈指可数,以中国哲学为主要研究对象的那就更少了。据我所知,斯坦福大学、密歇根大学、南伊利诺伊大学和匹兹堡大学各有一位。夏威夷大学有两位专攻中国哲学的教授,好像是绝无仅有的例子。

其实,不但是东方思想,就连当代欧洲大陆的哲学传统,如存在主义、现象学和诠释学,在美国也只是略有所悉而已。分析哲学的地域主义使得"宗教哲学"在哲学界一蹶不振,社会哲学、文化哲学和人类哲学(或称"哲学的人类学")也只是敬陪末座而已。

东方思想受到分析哲学的妨碍,不能在美国哲学界占一席之地,虽然值得长叹息,但这并没有阻止东方思想将来在美国的高深学府里开花结果的必然发展。因为在历史系、宗教系和语文学系中,东方思想早已生根了。相反地,分析哲学的狭隘已把哲学系本身缩小到不能自保的地步,如果关门主义继续延续下去,许多很有意义的哲学工作都要靠非职业性的哲学家来处理了。到时候,真正有创发性的思想家也许根本不愿意被人称为是哲学的从业人员。

(原载《新闻天地》,1975年2月8日)

神秘主义和道德性

《神秘主义和道德性》是哥伦比亚大学哲学系教授但托（Arthure C. Danto）近年来因反省东方思想究竟对将来西方文化的道德取向有否导引作用一大问题而写成的专著。

但托是一位受过"分析哲学"训练的道德哲学家，因此他研究东方思想是从分析哲学的立场出发的。他所要提出的问题和所要解决的疑难，也都和今天英美的道德哲学，即以分析哲学的途径处理道德语言的"训练"，有密切的关系。但托为了使他的结论能引起一般知识大众的兴趣，运用了简明流畅的文笔，把许多艰难的术语用深入浅出的方式表达出来。于是一本哲学专著，经过他的点化之后，变成了人人易懂的畅销书。

迈进"自由之门"的儒家:伯克利十年(1971—1981)

分析态度较为温和

但托的书只有120页,共分六章,每章所讨论的题目都是东方思想的重要课题,如"业"(Karma)、"梵天"(Brahma)和老庄哲学中的"道"等观念,但由于篇幅有限,都只是点题而已。不过他的目的并不在显示东方思想的特性,因此只举几个例子并不妨碍他的立言宗旨。但托有关东方思想的知识不来自第一手的资料,他的英语和法语好像都有很高的造诣(《神秘主义和道德性》一书的序言即标明他曾在巴黎和纽约两地任教),但是他并不懂梵文或中文(至少他完全没有引用这一方面的论著)。根据他的自序,他对东方思想的认识,受益于哥伦比亚大学有关东方思想的"教授研讨会"。哥大现任的副校长狄百瑞,对他的帮忙很大。在中国学人中,他特别感谢夏志清和蒋彝两位先生,并把蒋先生作为该书的献赠人之一。这当然并不表示他的观点必然反映哥大东方学教授的意见,但这些教授们一定向他提供了一些有关东方思想的线索。

大体而言,但托对东方思想的了解并不离谱,和另一位澳洲的分析学派教授派世莫(Passmore)确是不能同日而语。派世莫在其《天国在眼前》(*Paradise Now*)一作中,把东方思想和美国当代的

"反文化"(counter-culture)混为一谈,把日本军阀的横行霸道归罪到禅宗,把神秘主义当做一团昏黑的反理性。这一类的"无知",在但托的书里几乎完全不存在了。派世莫对东方思想所表现的那种感情冲动,如果代表某些分析哲学家对自己因为不懂而不能分析的现象所采取的蛮横态度,但托的研究则代表一些开明的分析哲学家为了尽量设法把分析的方式应用到其他的知识上所做的新努力。

东方哲学救不了西方

但托研究东方思想的态度,确比一般在美国哲学界当权的分析哲学家要温和多了。可是,他虽然很能欣赏东方思想中的一些洞识,但对东方文化中的体验之学还是隔了好几层公案。在他的引言中,但托宣称:"当然我们能够欣赏和了解一些在生活上对我们完全隔绝的思想形态。"换句话说,东方思想作为一种思想形态是很可以为西方人士所欣赏和了解的,但是要西方人把东方思想当做立身处世的准则,那是根本办不到的事。因此,但托向美国的年轻人呼吁:"除了我们自己,没有任何人可以救我们。"言下之意,西方哲学的没落虽是显而易见的事实,但要想重振旗鼓,逃禅修道(向东方思想靠拢)并不是长远之计,只有西方哲学本身的再生才是正途。

在但托的眼里,所谓西方哲学,当然是指以希腊传承为背景的理性主义。根据这个观点,以希伯来传承为背景的宗教信仰,是完全没有哲学意义的;即使近年来大为盛行的神学思潮,也都被摒绝于哲学的大门之外。这本是分析学派的通病,不仅是但托个人的褊狭而已。也许但托的悲观论只适用于当前英美的哲学家。欧洲大陆的思想家,大概并不认为西方哲学已到了穷途末路的地步。譬如以海德格尔为代表的德国存在主义和以萨特为代表的法国存在主义,虽然受到不少年轻哲人的批判,但在德、法知识界的影响力却还没有褪色。就是在美国,职业哲学家对社会的影响力虽然愈来愈小了,但是取代以前大哲人,像杜威、詹姆士和桑塔亚纳的地位,为了文化价值而向知识大众发言的人物,并没有减少。尤其是在宗教学、心理学和生物学方面,这类人物似乎有与日俱增的趋势。

在西方思想界已落伍

因此,但托认为东方思想不能当做今大西方人士立身处世的准则,只不过反映他自己的哲学本身有了限制而已。他的武断和当前西方一般知识领袖的涵容和开通是极不相似的。也许在分析学派里,但托确是格局比较大的学人,但从西方思想界一般的迹象来观察,他已相当落伍了。难怪加州大学哲学系的教授史达在书评里把但托对神秘主义的了解批评得一文不值,而且讥笑他的研究结果根本经不起分析的考验。其实,史达本人也是专门研究语言分析的哲学家,但是因为他的博士学位是从印度的马德拉斯获得的,他对东方思想,特别是印度哲学,确有较深的体会。

但托立论的基础是构建在道德哲学和"事实的信念"(factual beliefs)的必然关系上。譬如,他认为"业识流转"的观念在印度哲学中的重要性和"轮回"一信念又有密切的关系,而轮回一信念不能脱离印度的阶级制度来了解。经过这样的分析,但托认为婆罗门教中的僧侣阶级要求解脱的思想和他们因为自觉在轮回中要经过永无止息的转化而产生的"厌倦"有必然的因果关系。他对佛教的四谛(苦、集、灭、道)的解释虽然比较高明,但是还是把释迦牟尼的大慈悲讲成一种宿命论。他对印度经典《天神之歌》中类似"无为"一观念的说明很有独到之处,对《庄子》里的庖丁解牛和《论语》里的曾点言志也有极细致的描述,可是他认为儒家的道德哲学是东方思想的"例外",这点却大可商量。

迈进"自由之门"的儒家：伯克利十年(1971—1981)

儒学在宗教界受礼遇

《神秘主义和道德性》一书中最应受批判的地方是把"神秘主义"（其实但托即指东方思想中的宗教体验）和"道德性"（也就是分析学派所标示的西方道德哲学）认为是互不相容的两个学术范畴。这个分野当然反映了西方文化中宗教和哲学殊途而不同归的独特现象。在东方文化里，哲学和宗教是不分家的，因此，中国的三教（儒、道、释）、印度的三教（婆罗门、佛和耆那 Jainism）以及日本的神道，都是既属哲学又属宗教的精神传统，而且哲学思辨不离宗教体验本是东方思想的一大特性。但托把道德哲学当做一门和神秘主义绝不相类的学问，又把东方思想和西方传统中的宗教信仰混为一谈，当然不能了解到东方体验之学的时代意义。

根据最近（1974年12月6日到9日）盖洛普民意测验的调查报告，如果1972年到1974年的发展方向不变，宗教精神（不仅指基督、天主与犹太三教，也包括近年来新兴的东方宗教）在美国社会的各阶层又有大行其道的趋势。但托在他的引言里说，幸好西方神学的没落并没有把道德哲学的基础从根挖掉。这是指近代西方的道德哲学向基督教宣布独立以后，可以不因为神学本身的衰亡而受到创伤而言。也许哈佛大学教授罗尔斯的近著《正义论》

(*A Theory of Justice*)可以作为但托的例证。可是但托对神学的观察并不正确。从各种迹象来推断,神学在西方并没有遭受到一蹶不振的命运;即使在英美两国,神学界还是大有人才辈出的气势。其实,东方思想如果要在美国的学术界扎根,宗教和神学两种相辅相成的学术研究将会扮演极重要的角色。就既成的事实而论,今天在美国宗教系和神学院开设有关东方思想的课程,就远较哲学系为多。即便道德哲学不必建筑在神学上,庄严的道德感受为什么就和宗教体验必无相通之处呢?这或者就是儒学在美国的宗教界(包括基督教神学)反而比在哲学界更受到礼遇的原因之一。

至于东方思想,如印度的瑜珈、日本的禅宗和中国的《易经》,为什么对美国的年轻人会发生很大的影响力,则不是三言两语可以交代清楚的了。不过,但托等人把这些现象都归到表面上和道德哲学毫无关系的神秘主义上,是经不起考验的推论。也许填补现代西方人心灵空虚的真正价值,还是需要来自东方式的体验之学。当然,基督教本身的转化也很可能为西方文化提供一条和这种学问并行而不悖的途径。

(原载《新闻天地》,1975 年 3 月 1 日)

美国大学言论自由遇考验

美国加利福尼亚州斯坦福大学的索克利教授,去年在耶鲁大学准备发表有关黑人智能低落乃由于遗传因子关系的演说时,因为学生们嘘叫抗议之声的干扰太大,被迫罢讲。

这种例子自从1965年学生运动展开以来已是司空见惯的现象,就是发生在索克利教授身上恐怕也有十多次了(去年他在哈佛和纽约大学演说也都受到同样的"待遇")。可是耶鲁事件之后,该校董事会聘任了一个13人委员会(五位教授、三位研究生、两位大学生、两位行政主管及一位校友)对所谓校内"言论自由"做了一番通盘性的检讨。这个由名史学家吴豁主持的委员会提出研究报告,其中对美国大法官何慕斯在1928年所坚持的必须肯定每一个公民都有发表言论自由的宪法原则特别申述了一番。《纽约时报》在1月26日的"星期回顾"中特别刊载专文来报道这件事,并且认为吴豁委员会的意见一定会引起美国知识界广泛的重视。

少数意见也应尊重

言论自由本来是民主社会的基本人权之一。根据自由主义的信条,只有让各种不被多数人接受的"怪"论也都有申述的机会,民主制度才能健全;服从多数固然是民主精神的表现,但是如果少数的意见不被尊重,那么借大众利益之名而剥夺基本人权的趋势一定不能避免,等到滥用职权的例子多了,行专制之实的政客就很可能会乘虚而入。因此,言论自由不仅是保障少数人的基本权利,而且是维系民主政体的必要条件。当然,言论开放之后各种意见充斥市场,难免不造成众说纷纭莫衷一是的局面,对于社会的安定性是有副作用的。但是,一个有弹性的社会即使在某一阶段出现混乱的状态,等它发展到较高的层面之后,"整合"(integration)的程度会更加增大,这和畏首畏尾不敢越雷池一步的封闭社会恰好相反。

无言论自由的恶果

学术界应当是一个海阔天空无所不探究无所不钻研的开放世

界。如果没有言论自由,或者言论自由受到了限制,学术界必然会变成一个死气沉沉、既无独立性又无创发性的荒原。拓展知识领域、寻求客观真理、综合历史智慧种种文化事业,都要靠开放的心灵来完成。假若研究的范围、方法和结论都要受到监视,那么,学术研究的起点已无法厘定,更不必谈什么"思考不可想象的,讨论不足挂齿的"难题了。"大学的基本功能是通过研究和教学的方式以达到发现和传播知识的目的。"没有自由发表意见和交换心得的环境,旧的观念不会被批判,新的思潮即无法形成,"知识"不再是思考和讨论的结果,而变成一堆僵化的材料了。

威胁学术基本信念

索克利曾是诺贝尔物理奖的得主,但在优生学方面他并不是一个科班出身的科学从业员,最多只能算是鼓吹某种学说的宣传家罢了。但是,由于他的学术地位,其言论在知识界引起了不小的风波。这种情形和成名的文学家宣扬某种政治立场有相似之处。不过索克利引用了各种类型的统计资料来支持他的"理论",和社会上一般的无稽之谈又不尽相同,因而给学术界带来了难题。耶鲁的学生攻击他,不让他有发言的机会,是基于强烈的社会良心——近年来美国才刚刚度过一连串种族冲突的大关头,将来黑白斗争的事例必然还会继续发生。在这个时候提出黑人智能的低下,不只是由于文化社会的原因,而且有更严重的遗传因素在内,当然有加深种族歧视的作用。但是,剥夺了索克利在大庭广众散布"妖言"的权利,对他"惑众"的企图最多只能阻遏于一时,而对学术界的基本信念——言论自由——却有极大的威胁,这或许就是吴豁报告不能不特别强调"何慕斯理想"(Holmesian ideal)的理由。

其实,耶鲁的13人委员会中,只有12位签名认可吴豁报告,其中一位法律系的研究生不但不接受这份绝大多数会员经过好几个月的共同努力所获得的结论,而且提出了他个人的"少数者报告",并坚持凡是有中伤种族之嫌的言论,都不应给予发表的自由。这个例子似乎更显示了言论自由的可贵。

(原载《新闻天地》,1975年3月8日)

美科学界"基本研究"受考验

最近美国的知识界对科学技术的研究和发展展开了广泛的讨论。2月初"科学促进协会"在纽约召开年会时环绕这个问题而组成的"座谈",似乎比往年都多,是科学家们对自己所从事的学术活动,开始作一番全面反省的好例证。这种现象固然和美国当前的经济情形有密切的关系:由于通货膨胀和大量失业两大危机同时发生,美国的联邦政府和工商企业都已采取紧缩开支的措施,因而可以任凭科学家从事多种"基本研究"以利将来"发展"的资金也大受限制。在经费充裕的60年代,科学家不必顾虑研究课题的实效性。只要是从探求知识的立场值得尝试的研究,都可以获得支援。

现在政府和企业已经把目标集中在和现实问题有直接关系的课题上。换言之,他们已想取代科学家来决定科技研究和发展的途径了。

其实，在尼克松当政时，科技研究的方向就因受政府拨款政策的影响，已逐渐从基本的理论探索转到一些在短期内可以见效的实际应用上去了。这个倾向现在更加明显。但是，由政府和企业来决定到底哪一类型的研究应当受到支援是否会影响到整个科学界的独立性？本来在美国极端派的眼里，资产世界的科学家根本是为军工大企业服务的寄生阶级，因而他们从来没有享受过实际的独立性。但一般在学术界从事科学研究的学人多半认为，只要自己所获得的结论可以公开在学报上发表，并不受到所谓国防机密的干扰，那么，他自己不但有独立性，而且有发言的自由。在这种情形之下，他的研究不可能只为某一个特权阶级所拥有。根据这个推论，美国的科学界在过去三十多年，确实是世界上从事不保密的基本研究成绩最辉煌而且具有相当独立性的学术集团。

但是，如果将来美国的科技研究和发展完全要由短视的政治家和图利的企业家来决定，真正以发现知识和传播知识为目标的理智活动，也许要被摒绝于科学界之外。美国的议员们现在已表示，要咨询"国家科学基金"的运作方式。许多专门从事基本研究的中心，也已受到闭门大吉的威胁；不少赶时髦的理论科学家，甚至脱离理论科学的岗位转而研究容易申请补助的课题。探求真理本来是一种极崇高也极容易被伤害的心灵事业。美国的科技人才虽多,但受到政府和企业两大组合的夹攻后,其中究竟还有几位能够不受威迫或利诱仍愿做以基本研究为职责的"真理信徒"呢?

(原载《新闻天地》,1975年3月8日)

生态学的四大原则

生态学本来是一门研究生物群体和自然环境之间交互影响的专门学问。自从空气污染、水源中毒、土壤变质以及自然资源枯竭种种直接影响人类生存的现象为一般知识大众所重视以来,生态学已不只是学院里少数专家所探求的尖端科学,而且是所有关切社会大事的知识分子必须正视的危机信号了。

可是人类的生态学牵涉到阳光、空气、土壤和水种种层面的问题,如果没有丰富的知识,包括生物学、物理学、化学和其他有关的科技知识,是根本无法一窥全豹的,但又有谁真能具备那么多基础训练呢?因此,所谓"人类生态学的专家"是自相矛盾的观念,凡是以研究人类生态学为目标的科学家,都不可能只是"专家"而已。

迈进"自由之门"的儒家:伯克利十年(1971—1981)

康孟勒的四大原则

康孟勒(Barry Commoner),圣路易·华盛顿大学教授兼"自然系统的生物学研究中心"主任,本来是专攻生物学的专家,自从发表《科学及生存》一书后,他的视野拓展到人类全体和自然环境交互影响的大问题上,对原子能试爆后带有放射性的元素随着原子尘而侵袭人体等现代人所面临的灾害,以及其他因科技发展而造成的自然失调等现象尤其注意。现在他的言论,不仅为一般关切人类生态学的社会组织所采纳,而且直接影响到美国政府对环境卫生所做的种种决策,如限制汽车发动机排放二氧化碳的成分等措施。因此,他在《正在关闭的圆周》(The Closing Circle)一书中所标示的生态学四大原则,很值得提出来加以讨论。

康孟勒认为,在了解"自然、人及科技"的相互关系中,第一大原则是"物物相连",也就是每一件事物都和其他任何一件事物发生关系,天下没有绝然孤立自存的事物。任何一个"生态系统"(ecosystem)都包括许多相互联系的部分,其中固然有本末先后的次序,但牵一发而动全身的情形是很普遍的。如果对该系统的内部结构没有完全弄清楚,盲目的更动很可能导致整个系统的崩溃。好像下围棋时到了紧要关头,一步之差就会造成全军覆没的窘境。

保护自然　转化自然

生态系统的微妙关系绝不能只从简单机械的因果律来了解。康孟勒表示,前麻省理工学院的教授维勒(Norbert Wiener)所发明的控制学(the science of cybernetics)曾提出过一套比较接近生态关系的学问。英文"控制学"一名词的语根是来自意为"舵手"的希腊字,因此,控制学是关涉因导引或管理某一系统的行为而存在的"一连串的事件"。舵手是属于由指南针、方向舵和轮船组成的系统成员。当他从指南针处发现轮船的航向有偏差,即转动方向舵使轮船纳入正轨。这一连串的事件,必须经过多次的调整才能达到导引的目标。如果舵手对他自己所属的系统没有明确的了解,"扶得东来西又倒"的情形是不可免的。根据这个譬喻,控制的艺术不是单面的强制执行,而是富有弹性的调节。

如果用宋明大儒的观念来说,生态学的第一原则即是人类当"以天地万物为一体",不应狂傲地宣扬征服宇宙或控制自然等以人为中心的世界观。人类和自然环境所形成的生态系统千变万化,多彩多姿,现阶段的科技知识还不能把其中的奥妙一一刻画清楚。其实,所谓征服宇宙,最多只不过是登上千百万星座中的一枚卫星做些初步的勘察和实验罢了。现代科学家之中固然不乏聪明

迈进"自由之门"的儒家：伯克利十年(1971—1981)

才智之士，但要想对宇宙做深入一层的系统研究，由于受到经费和技术的限制，即使连规模庞大的美国国家太空科学署，也有"行不得也哥哥"之叹。至于控制自然，表面上看起来人类似乎已是移山填海无所不能的万物之灵了。其实，人类改变自然外观的本领虽然强大无比，适应新环境的能力却非常脆弱。如果生态系统有所改变，或是海洋温度增高，或是大气层厚度减低，人类立即会面临生死存亡的考验。和一般生物相比，人类真可以说是万物病夫。为了生存，人类不应再谈什么控制自然，而应提倡保护自然，转化自然，使人类的生态系统不受到严重的损害。

事物均具特定作用

生态学的第二大原则是"物质不灭"，也就是在任何一种自然系统中，每件事物都有其特定的作用，浪费或消耗的观念完全不能成立。康孟勒教授举了一件含汞的家庭用具为例来说明这种现象。譬如一节干电池用完之后就被弃置了。究竟这一含汞的废物到什么地方去了呢？根据一般的情形，它先被抛入垃圾桶，然后由清道夫倒进焚化炉，汞被烧热后即变成带汞的蒸气(一种可以伤害人体的毒物)，从烟囱里喷入空间，随风飘荡，然后因雨或雪降到地上。假设带汞的蒸气流入山湖之中，汞就因冷却凝结而沉淀，以后因为受化学的作用，沉淀的汞就逐渐变成一种可以溶解的"甲基汞"，很可能被鱼类吞食。因为汞是不能被鱼类的新陈代谢所转化的，所以就积聚在鱼的器官或皮肉之中。如果人吃了带汞的鱼，汞就会侵入人体而造成不易察觉的病患。近年来，因为所捕鱼类带汞的成分太高，政府必须宣布禁售的例子愈来愈多，这和湖泽受带汞的工业渣滓所污染的程度是很有关系的。其他含化学性及放射性的毒物，通过各种曲径而进入人体的例子真是不胜枚举。

自然趋向最为可靠

因此，生态学的第三大原则是"自然趋向最可靠"。这个看起来好像和"道法自然"相似的思想，并不是说任何人为造作都是有害的。其实，在某种范围之内，人类确实可以改善环境，美化自然：把沙漠灌溉成绿洲，把荒野开耕成良田之类的努力都是值得奖励的。但是，在工业大盛的时代，许多人造的"有机化合物"（organic compound）已大量地侵入了人类的生态系统之中。康孟勒教授举了一个浅显的譬喻来说明这种现象。就好像一个不懂手表内在结构的小孩把表背打开，盲目地用一支铅笔去乱搅。这种毫无目的的干扰，把精巧的工艺品弄坏的可能性当然极大。

根据进化论的解释，人类的生态系统是经过大自然千百万年的"研究"和"发展"才逐渐形成的,其中有各种精巧的安排,我们现在对其奥秘所知尚浅,就有意或无意地用粗暴的方式去干涉它,这和拆坏手表的小孩又有什么不同？康孟勒宣称,只要是自然界以外的人造的"有机复合物"进入了生命系统之中,其有害性必然远超过其有益性。其实,在任何一个生命系统中,凡是由生物自身造成的有机体,必然会被自然界中某种酵素所消解。也就是说,每一种由生物自身所合成的有机体都会衰亡。在这种情况之下,"再循环"(recycle)的过程是永远不会间断的。可是当人为的有机体被合成之后,因为它的分子结构和生物自身的有机体的分子结构常有显著的不同,很可能不会被自然界的酵素作用所消解而长存于天地之间。当这种有机体积累到了相当的程度,危害人体是必不可免的。

使自然保持均衡状态

去年秋季在瑞士的达沃斯(Davos)曾举行了一项有关操纵遗传因子的国际会议。美国斯坦福大学的遗传学教授伯格(Paul Berg)向参加大会的科学家呼吁,在比较完备的保护制度还没有建立起来之前,全球的遗传学家都应当暂时停止这方面的实验。因为如果一些尚不知如何消除的生物病菌侵入人体,人类的遗传因子也可能像水和空气一样地被污染了。伯格的警钟虽然被大多数与会的科学家所忽视,但他的关切并非杞人忧天,而是必须严加防范的恶性发展。这种情形和大量利用原子能发电而不顾忌放射性元素的废料可以长期危害人类生存的现象,确有相似之处。

生态学的第四大原则是"取此失彼"。这个原则和所谓大自然有取之不尽用之不竭的资源一观念正好相反。砍伐的树木可以造房屋,这是"取";但是树木制造氧气和保护土壤的功能就被剥夺了,这是"失"。如果只顾取用而不致力于补失,那么大自然就会逐渐变成小自然,最后只剩下钢筋水泥和假花假草了。因此,伐木必须继之以培林,才能达到使自然保持均衡的状态。可是人类取而不补地毁坏自然界已到了极严重的关头,如果再不自制,一代之后也许人类赖以生存的基本能源都要枯竭了。有人说,只要科技的研究和发展继续不断地推进,原子、太阳都会成为能量的来源。但是,即使这种推想变成事实,生态学的基本教训还是值得牢记的。

每当我看到太空人拍摄地球的照片时,总觉得这个飘浮在亿兆光年中的"一叶扁舟"真是太微小、太孤单了。凡是在地球上生存的人和物都好像是同舟共济的旅客,如果船翻了,不知道又要经过几百万年的进化过程,宇宙中才会再度出现一个历数百世纪而不"关密的圆周"!

美国的"汽车文明"开始没落

美国四家汽车制造大企业正受到经济失调的痛击,虽和油价高升、通货膨胀、商业萧条、国际竞争有关,但从较长远的背景观察,似是美国的汽车文明走向穷途末路的征兆。

福特汽车公司在其最近公布的报告中正式宣称,该公司1974年冬季的收入总额是2,200万美元,比1973年同季收入总额5700万美元减少了61%;1974年全年的收入总额是3.6亿,比1973年全年收入总额9.07亿也减少了60%。因此,福特的股票已从每股9.13美元跌到仅值3.86美元的价值。如果这个趋势继续发展下去,两年之内福特就会濒临倒闭。

根据同一报告,福特去年汽车的销售量虽然高达221.4658万辆,但仍比前年降低了17.1%。

单从这一个例子就可以看出,组织庞大的企业不论历史如何悠久,经营如何妥善,有时要比一般中小工业更易受到经济大环境的左右,因此更不能掌握自己的命运。亨利·福特在美国的发迹曾被歌颂为私有企业和自由竞争可以造就工业巨子的好例证——一个企业家因为能够灵活地运用社会资金,合理地提高工厂效率,并及时地掌握市场现状,终于摇身一变而跻登百万富豪之林。但是,大企业的形成和发展,多半是由于各种外在的经济、政治、社会以及文化价值的因素所推动的,企业家个人的努力固然重要,但是如果没有碰到适当的机缘,就是不休不眠地奋斗,仍是无济于事的。这并不是说只有时势才能造英雄,而是在企业界,尤其是经济关系极复杂的美国企业界,真英雄最多只是识时务的经理人才罢了。

汽车工业在美国大行其道,当然要归功于老福特等极有洞见的企业家。但福特家族的企业精神只能象征美国汽车工业早期的拓荒时代。近二十年来,美国的大企业和以政府为主的军工复合体已发生了难分难解的多面关系。私有企业和自由竞争等经济观念已不适用了。举一个明显的例子:凡是到美国观光的游客,都会发现在新大陆到处都有通行无阻的高速公路,这确是美国人工环境的特色。有些欧洲人士认为,公路网才真是美国的世界大奇观。如果我们追问,为什么公路网竟取代铁路网而变成了美国运输交通的血脉,也许答案要从联邦政府的决策及美国人民的价值取向两方面去寻找。企业界本身的动力,相较之下只能居于次要的地

迈进"自由之门"的儒家：伯克利十年(1971—1981)

位。设想假使美国联邦政府没有运用税收的方式拨下大批款项专门作为构建公路之用，而把相等的金额用来发展公共交通，如铁路运输之类，今天美国的私家汽车会如此众多，而公营的交通事业如火车，会如此萧条吗？

但是，私家汽车在美国各地盛行的现象不仅靠联邦政府的决策，而且和美国中产社会人士的价值趋向也有很密切的关系。其实，美国文化中个人主义的色彩在汽车文明上表现得最为突出。至少在表面上，一个人跨入自己拥有的座车在畅行无阻的平坦大道上疾驰而去，好像和单枪匹马地在旷野里我行我素的西部牛仔一样，最足以表现美国式的个人主义。据说加州第一大城洛杉矶，就是为汽车而造的。

最近美国一般人民已逐渐体会到汽车文明应带来的个人方便，由于交通淤塞及停车场不够种种限制，已愈来愈不能兑现了。譬如，纽约的长岛快速公路就因为常常发生塞车的现象，已被某些专栏作家讥为世界上最长的停车场了。根据我自己的经验，从旧金山飞行到纽约长达3000余里只需5小时，但从肯尼迪机场驾车到曼哈顿城中心，不过50里吧，有时也要花上两个多小时。行动受到限制，还只是汽车文明的弊病之一。至于因汽车过多使空气大受污染直接影响到人体健康，那就不只是驾车人士的自作自受了。生态学家，如康孟勒已指出，假如美国政府不通过新法律严格限制汽车排泄废气的总量,许多人口集中的大城市都会走向洛杉矶式的慢性自杀。

其实,早在生态学家开始攻击汽车文明之前,美国政府所搜集的有关意外伤亡的统计数字即已显示,高速公路对美国人民来说,是比海外战场更危险的地带。假如把每年因车祸而死亡和残废的人数加起来,也许要远超过美国历来在战争中伤亡的人数。

现在福特公司及美国其他三家以制造汽车为主的大企业,正受到经济失调的痛击。这个窘境固然和油价高升、通货膨胀、商业萧条、国际竞争(如每年从西德及日本进口许多省油轻快的小型轿车)等特殊情况有关,但从较长远的背景来观察,似乎也是美国的汽车文明已走向了穷途末路的征兆。

不过,汽车文明的没落,并不一定表示美国的工业社会已在退化之中。相反地,如果美国政府把科学技术的实力转向公共交通,发展像北加州海湾区的快速交通网,对新大陆将来的人造环境也许不仅只有亡羊补牢的功效而已。

(原载《新闻天地》,1975 年 3 月 29 日)

工农二分法此路不通

以工业代表现代化,以农业代表落后的观念,在今天这个错综复杂环境中,已不适用。国际间经济依存的现象,不能只从贸易关系来了解。

根据台湾地区现用的经济学教科书,工业代表现代化,以农立国则是落后的表征,因此大量输出高度加工品即显示进步;假若依靠原料来维持国际贸易的平衡,则多半反映发展成长尚未到达起飞的地步。这些观念虽然是知识大众所接受的一般常识,但摆在当前繁杂的国际贸易的背景中,常识性的观念如果运用不当,很容易就会变成一些似是而非的意见。

譬如,美国农业部长白次(Butz)最近在电视访问中表示,今年美国小麦的产量将高达22亿蒲式耳(每蒲式耳约合我国三斗余),而国内总消耗量只不过8亿蒲式耳。因此,可以外销的小麦竟有40多亿斗。苏联今年小麦产量大降,因而变成购买美国小麦的大主顾(业已成交的就已达数亿美元的价值)。

美可能成农业帝国

近年来,美国的汽车、钢铁、造船以及电器工业,因受日本、西德和其他工业国的威胁,已有落伍的趋势。美国的军火企业,尤其是旧式的武器制造,好像也已屈居苏联之后。但是就农业品的生产而言,美国确是遥遥领先的现代大国。在60年代世界援外的粮食中,以美援占绝大多数,但近五年来美援的数额大减,而且美国政府要把剩余农产品作为政治资本的意图也愈来愈明显。美国代表在罗马粮食会议提出的美国政府拨百万吨粮食救济饥饿地区的建议竟不被白宫接受,就是例证。将来美国很可能变成一个以工业为辅的"农业帝国"。

原料国家身价万倍

相反地,所谓石油生产地区,本来总被认为是被工业先进国(即指美国、西欧和日本)所剥削的对象。最近两三年,石油输出国组织(简称OPEC)完成了联合对外的协议,在短期内达到石油"政治化"的目标,突然高升油价,使得日本、西欧和美国蒙受空前

迈进"自由之门"的儒家:伯克利十年(1971—1981)

的经济冲击。资源丰富的落后地区,如中东和印尼,在这个新情况下,其远景竟好像比高度机械化的工业大国还要乐观些。中东几个油田密集的回教国,一旬之间获得了必须用天文数字来计算的外汇。美国参议员杰克逊(Henry Jackson)曾讽喻这是人类有史以来最大和最快的资产转移。现在阿拉伯集团正大量收购欧美各国最新也最贵的军火企业。据说这个趋势如果继续发展下去,到了1980年,他们在国外的投资就可能凌驾美国之上。基辛格已表示,阿拉伯集团所采取的石油政策(如禁卖、加价之类)假若直接危害到欧美现有经济结构的安全,美国政府将被迫采取军事报复的途径。这固然只是一种模棱两可的警告,但美政府当局对国际贸易中这个新现象不知如何应付才好是可以想见的。

不能只从片面观察

就从这两个例子来观察,农业和工业,或者原料与加工的关系,并不一定是落后和先进或者被压榨与剥削的关系,很多其他因素也应当详加考虑,才有一窥全豹的可能。其实,国际间经济依存的现象不能只从贸易关系来了解。一个政府常常因为受到政治立场和意识形态的影响,而放弃许多一本万利的贸易良机。当然,有些在表面上看起来似乎是极佳的投资政策,也许用长期发展的尺度来省察,根本是饮鸩止渴的绝路。在今天这个错综复杂的经济环境里,用黑白二分法来看世界的思考方式,已行不通了。

(原载《新闻天地》,1975年8月16日)

结语：体察与时论

三年前的腊月时分，我在华盛顿的国会图书馆看了几天明朝初期思想家薛瑄所著的《读书录》。正逢严冬，一层收有古今中文书刊超出50万册的大厅，最多只有十多个人出入其间，有时整个上午竟连人影也没出现过。当时的心境和1971年4月10日在华府参加2000多名留学生的行列，为钓鱼岛而示威抗议，高呼爱国口号的情绪当然完全不同。但我却以为，在书库里屏息凝神徐读线装书和以实际行动显示政治关切，都是当今不可或缺的知识行为。其中的内在关连虽然隐而不显，但交互影响的痕迹却是很容易察觉的。至今我的看法仍没有改变。

《读书录》是薛瑄研读儒家经典的笔记，是一位读书人穷尽毕生精力来证验身心之教的结晶。表面上，正如容肇祖在《明代思想史》中所说，薛瑄因为不敢自立己说，只是做了古人言语及古人思想的奴隶。其实他通过长期性的反省修炼，已把他自己所选择

结语:体察与时论

的文化传统和他自己的精神生命融合无间了。

"七十六年无一事,此心惟觉性天通"这两句晚年证道的话头,正是这种境界的反映。诚于中而形于外的心语,好像是最精醇的陈酒,滴滴有味!

但是,在书库里运思精读,无论如何虔敬,如何辛苦,总好像是少数对国际大事毫不关切,对社会实质毫无真见的学究们才能忍心享受的清福。在世界各地的学术都趋向政治化的70年代,两三年不受外力干扰的研究计划就很不容易如期完成了;五年以上的学术工作,即使受到政府机构的补助,也难免陷入虎头蛇尾甚至半途而废的格套。薛瑄那种穷毕生之力只渗透到"性理"观念的体察工夫,恐怕不但引不起当今青年学子们的共鸣,还会被讥评为迂腐的自我陶醉呢!

相反地,成群结队游行街头参加各种"外抗强敌、内除国贼"的示威活动,则是五四以来常见的爱国现象。凡是对中国当代史有兴趣的人士,都不会忽视这种现象的历史意义。我自己也坚信,既然民族生命的发扬光大要靠知识青年的政治觉醒,那么大中学生的政治关切就变成了衡断一个社会是否有政治弹性和政治前途的重大指标。因而青年的大团结,如五四以前的辛亥革命和五四以后的八年抗战,都显示了中华民族精神大振的辉煌史实。

表面上,直接参加爱国运动,负起实际的政治责任,在具体的

迈进"自由之门"的儒家：伯克利十年（1971—1981）

社会环境中体现自己的理想和置身于图书馆之中静静地研读写作，远离现实政治，好像代表两条大相径庭的生命路线：一条是行动的、落实的、参与的；另一条则是静止的、脱离的、超越的。这两条路线似乎指向两种截然不同的存在形态，其中毫无相通之处。根据这个看法，有政治抱负的青年才俊必须立下"投笔从戎"的大志，只有抛弃了学术事业才能真正为政治效命。读书人是没有资格过问政治的，因为在文化思想里，追求新知者的理想性太强烈，根本无法洞悉现实政治的复杂面，即使勉强发言，最多也只是书生之见而已！

这种类型的推论也许正是实际情况的写照，但是如果我们完全接受这个看法，那么不学无术的政客和闭门造车的学究，就会在政治和学术两大领域的权力中心拥有长期聘约。在政治上负实际行政责任而学术良心不泯灭，以及在学术上专习文化思想而政治关切不灭杀的人，在这种政学二分的气氛下，也许只有在缝隙里讨生活的命运了。

其实，今天世界各地知识分子所面临的问题，不仅是政学二分而已，更严重的应当是学术的全盘政治化的危机。明初的薛瑄至少还可以著书立说置身政治之外，他对宦官王振虽只能怒目而视，但是因为他的学术声威有其独立的崇高的社会价值，王振即使可以杀伤他，也无法折辱他。如果学术完全被政治化了，文化思想就会丧失超越政治的意义,于是连可杀而不可辱的读书人也不可能存在了。在这种情形之下,不闻不问的学究还算是有风骨的,至于无行文人、帮闲清客和出卖灵魂以谋求个一官半职的"学人",那就更不必说了。这种现象在华盛顿固然很普遍,但根据马来西亚一位专门研究"笨瓜政治"(正好和选贤与能的原则背道而驰的政治路线)的社会学家称,政权掌握在一批既无原则又无才干的庸人手里的现象,在发展中国家,特别显得严重。因为这些国家的"学人",大多只想在极短的时限内求个人表现,以取得当政者的青睐,结果连三五年的中期计划也无法提出来,长远的考虑和设计更不必谈了!

儒家有"不在其位不谋其政"的教言。其实这个立场和读书人的政治关切是完全不冲突的。在位的人从政权的立场来看政治,当有许多现实性的顾忌,非局外人所能知;"学术思想"在他眼里也只是政权运用的方向之一而已。从学术思想的角度来批判现实政治的读书人,正因为和政权势力有一段距离,可以观察其动态,了解其趋向,甚至洞悉其为公为私的本质。所以,读书人讨论国事,应以学术思想的大原则为准,不能只顾一时的效验而牺牲百年之忧的胸襟。

寄自伯克利

(原载《中国时报》海外版,1975年3月7日)